20

妖怪、變婆與婚姻

中國西南的巫術指控

顏芳姿

———

著

三民書局

文明叢書序

　　起意編纂這套「文明叢書」，主要目的是想呈現我們對人類文明的看法，多少也帶有對未來文明走向的一個期待。

　　「文明叢書」當然要基於踏實的學術研究，但我們不希望它蹲踞在學院內，而要走入社會。說改造社會也許太沉重，至少能給社會上各色人等一點知識的累積以及智慧的啟發。

　　由於我們成長過程的局限，致使這套叢書自然而然以華人的經驗為主，然而人類文明是多樣的，華人的經驗只是其中的一部分而已，我們要努力突破既有的局限，開發更寬廣的天地，從不同的角度和層次建構世界文明。

　　「文明叢書」雖由我這輩人發軔倡導，我們並不想一開始就建構一個完整的體系，毋寧採取開放的系統，讓不同世代的人相繼參與、撰寫和

編纂。長久以後我們相信這套叢書不但可以呈現不同世代的觀點，甚至可以作為我國學術思想史的縮影或標竿。

2001 年 4 月 16 日

自 序

　　我們從小聽虎姑婆的故事長大，她吃人骨頭喀嚓喀嚓的響聲至今猶然近在耳邊。喜歡聽故事的你，應該也很熟悉美人魚用歌聲換取雙腳，上岸和王子見面的故事。印象中，人類和魚族發生很多的故事，兩個世界時常交會，迸出男女相戀的浪漫故事。民間傳說還有蚌殼精的故事，單身的漁夫納悶到底是誰天天做好飯菜，等他回家吃飯，一天他假裝出門又打轉回來，從屋後看到蚌殼走出一個姑娘，給他的日常加添溫暖，漁夫這才知道她是當年被他捕獲又放生的大蚌殼，蚌殼精上岸來報恩，漁夫要求跟她共度人生，兩人後來生下孩子。幸福的時光最終到了盡頭，蚌殼精又回到屬於她的世界。我們長大以後，這些動物、魚族和妖怪變成人，來到人類世界的故事漸漸離去。你是否好奇，精怪變成人、人變化成精怪到

底是怎麼一回事？你想知道當代的人類學家怎麼做巫術研究嗎？巫術又怎麼跟婚姻扯上關係呢？下面先說說我為什麼會做巫術研究。

　　1994 年我從清華大學歷史學研究所畢業，參加人類學研究所林淑蓉老師主持的研究計畫——「侗族民族醫療調查」，在中國貴州省從江縣明水村的田野調查讓我再度回到鬼怪的世界。那一年，明水村一口氣損失了好幾位聰明有才智的中堅分子。村長和幹部為此找來儀式專家「鬼師」卜卦，看問題到底出在哪裡。鬼師看了卦象說，前陣子有一條很大的魚被人捕殺，這條大魚非同小可，牠可是龍圖河裡的羊龍，吃過那一餐的人，家裡的人一個一個接連出事。鬼師和村幹於是先到河邊舉行祭拜羊龍的儀式，調和人與超自然的關係；而後，鬼師重整明水村的風水，修整眾人集會中心——鼓樓的龍脈，鼓樓後方立起一塊白石做的石敢當擋煞，希望能擋住這個事件對村民的衝擊。

　　羊龍和魚龍已修煉成仙，不可殺，但侗族人

看到蛇交尾一定要打死牠。他們說蛇交尾代表最凶猛的鬼，傷害性極大，足以致人於死地。罵人全家見到蛇交尾這種惡鬼而死，是最惡毒的詛咒。「看到蛇交尾就有惡鬼依附上身，回家之前得先進入公共廁所，連續串（穿門入戶的意思）三、五個，進去、出來、進去、出來，才可以把惡鬼甩掉。」鬼師告訴我，「串公廁」的目的是為了脫身，避免惡鬼進入家裡。如果有人故意要害人或不知道嚴重性，見到蛇交尾的人踏入誰家，惡鬼就跟著進入那戶人家。見到蛇交尾的話，回家先要觀察自家有沒有人生病，不管是親人或牲畜生病，錢財損失或直接傷害性命，一有人生病，馬上要警覺到還沒擺脫掉惡鬼，惡鬼肯定還在家裡作怪，得馬上找鬼師。這種情形，當事人通常需要請鬼師用法術加以驅除，畫符念咒：一畫雷公，二畫脈龍，見蛇砍頭，見龍砍腳。

　　明水村有一戶人家夫婦養育四個孩子，有一天男人在工作時看到蛇交尾，男人並沒有打死牠。

他回到寨子之前，記得去串了幾個廁所，又去了鼓樓才回家。這件事他並沒跟其他人講，也沒請鬼師，以為這樣就可以脫身。事情經過一、兩年後，男人與友人相約去山裡面採蘑菇，採來的蘑菇，別人吃了沒事，只有他們家吃了全家死光。原來他家用稻草升火，沒有完全將蘑菇煮熟就食用。臨死前，他跟家人講，「莫非是我看到蛇交尾才引起這麼嚴重的後果？」這起不幸的事件，唯獨他在廣東打工的一雙子女倖免於難。

關於蛇怪，村子裡有人講起一段往事：有一次她的親戚去採藥草，從一個很高的岩石上將藥草弄到地上，結果聽見很大聲、很凶猛的呼吸聲，他好奇地往下一看，看到一條巨大的蛇，這種大蛇在侗族人眼中是一種蛇怪，分類上屬於大惡鬼。他暗自想：「我不殺牠，對我不利；我得殺了牠，才安全。」於是他掄起鳥槍，對準那條蛇的頭部打下去，那蛇被他打死。他回家沒跟人提過，一直不講，直到三年後，他跟老婆上山割牛草，他

又回到那個地方，他跟老婆講起幾年前用槍打死大蛇的事。他們站上岩石一看，那裡長出很茂盛的草堆，上面有一堆白骨。不久，他生了一場病，他老婆後過世。他帶著疑惑請教能下地府的陰師父，陰師父告訴他，你三年前看到一條蛇，你用長長的鐵桿直接刺牠或者怎樣，把牠弄死。你不講還好，你又到那裡當著牠的面講，牠已經找你三年了，找得很辛苦，終於見到仇家上門，於是牠就報復你。

　　侗族除了蛇怪，還有牛怪。山區侗寨的田野期間，我參與過鬼師為一戶人家舉行驅退牛怪的儀式。侗族民居建築是典型的干欄式建築，家屋建築以杉木為骨架，房屋離地架高，主要是因為地面過於潮濕和避免野獸與蛇類的侵擾。人住樓上，底下那層放農具，豢養牲畜。如果發生四隻腳的牛或馬上樓，代表「惡鬼進家」，侗族人認為，牛怪進家是件很嚴重的事情，可能導致死亡。主人家很怕家裡出事，立刻商請鬼師為他家驅除

牛怪，從家裡一路趕出寨外。

　　四眼鬼也是侗族常見的鬼怪。侗族相當重視一年的開始、做一件事的起始、接媳婦進門的那一刻，這些日子都必須選擇吉日吉時，避免一切的不乾淨、不吉利，尤其忌諱家中有人懷孕或過世，這些人沾染死者的不乾淨或身上帶著一種鬼，社會規定使得這些人家自動避開。對侗族人來說，孕婦可不是孕婦而已，他們把孕婦加上懷胎的孩子，視之為愛搗蛋的「四眼鬼」。龍圖每年大年初一舉行紀念保護神——薩歲的儀式，三個寨子的民兵各自從祭祀薩歲的薩堂出發，集中到田壩進行出征殺敵的軍事演練。出征前鬼師使用種植在保護神祭壇上的萬年青，對著一把葉子哈氣、畫符，再分發給在場的所有人，鬼師用這個植物行使隱身術，保護眾青年男子出征時百鬼不入，避開各種危險。眾人聚集到薩堂的場合不允許孕婦在場，某一年的出征儀式，明水村青年放鳥槍，不慎受傷，村民立即檢視當天是否有孕婦在場，

他們找出事發原因是四眼鬼搗蛋，警惕大家嚴格遵守這項規定。

　　深山大林的鬼怪特別多，妖怪變婆的傳說繪聲繪影，鬼師經常做儀式，與鬼怪溝通，平息議論和訴訟、糾紛。明水村村民講過幾個變婆的故事，後來我在黔東南山區侗寨──邊村做博士論文的田野調查，遇到一位老婆婆過世，我們一家與村民共同經歷了變婆可能出現的恐怖經驗。沒想到邊村不僅有變婆，還是活生生的變婆。小時候聽過許多妖怪變成人的故事，變婆竟是活生生的人，我想一探究竟。

　　此外，我想做變婆和巫術的研究，也跟田野期間被村民抹黑的經驗有關。我的博士研究試圖了解取得人口和生態平衡的邊村，該村婦女使用草藥進行生育控制，是否因而能主導生育和婦女健康。實地調查過後發現，外來者根本很難跟村民建立信任關係，更不用說要從女性的角度獲知她們對婦女健康的主導權。我一踏入邊村，村民

都在觀察我會幹什麼壞事，寫在村長臉上的表情最明顯不過了。最初，我們一行人抵達邊村的那天夜裡，中國研究陪同向村幹介紹我，村長聽說我要在這裡做一年的研究，粗黑的濃眉皺起來，臉上露出非常不以為然的表情，滿腹猜疑地打量眼前的陌生人。

後來的家訪備受村民的排斥，有一天，我帶著一碗米請鬼師卜卦，米卦出來，鬼師表示，村子裡有三分之一的人明白討厭我。鬼師事後做了一個「搞白口」的儀式，用來平息眾人的議論。「搞白口」是侗族日常生活中經常舉行的儀式，侗族人認為旁人講的閒話有鬼在背後指使，眾人出於忌妒、敵意和排擠於是形成某種巫術的力量，為了避免好事生變、遭人議論，當他們完成插秧、一年即將結束，或者家中有人懷孕，便會請鬼師做搞白口，用煮熟的雞或鴨與白口溝通一番，再送祂回去。事實上，鬼師幫我做完這個儀式之後，我在村中的處境並沒有獲得任何改善，8月初一

邊村過大節那天，幫我做儀式的鬼師甚至借酒大聲對我咆哮：你騙人！滾回臺灣去！

對此，我很困惑、很沮喪，思忖自己到底做錯什麼事情？我做家戶訪談，一上樓梯，樓上便陷入一團混亂，有些人說不見就不見了，不是藏起來，就是從另一個樓梯乒乒砰砰地逃走。幾年前，林淑蓉老師和我在明水村做研究，平地侗寨很歡迎臺灣人，那裡的村民簡直把我們當成「同胞」，爭相邀我們去家裡吃飯。我還是我，到了山區侗寨，怎麼變成了人見人怕的瘟神？幾個月過後，從村民的口中知道，我一到邊村，鄉政府、村長和幹部便抹黑我是壞人，要求民眾跟我保持距離。村民起初以為我來調查他們生育計畫的表現，不合政策指標的人怕我呈報上級，政府會處罰他們。於是，村民用種種懷疑的表情、不屑的動作和敷衍的語言應付我，甚至下達逐客令，試圖把我趕出去。

邊村的田野經驗讓我想了又想，反省人類學

家做研究的正當性。人類學到處是第一世界到第三世界做研究的例子，歐美的人類學家花錢聘當地人當翻譯也是常有的事。邊村的田野告訴我，村民沒有必要回答人類學家的問題，也沒必要配合人類學家講漢語。我改以迂迴的方式建立系譜，不直接做家戶訪問，透過觀察儀式之後，請教鬼師儀式參加者的親屬關係。一邊清楚村民之間的社會關係和婚嫁網絡，一邊下功夫學習他們的語言，努力了解他們的歷史文化，並且勤走底層、關懷貧苦和生病的人，為他們尋找經濟有效的醫療資源。雖然在邊村做調查的前幾個月，我的心情很沮喪，結果沒有如村民所願，我這個臺灣漢族女性繼續在村寨待下來，學會侗話、用侗話跟婦女進行一對一深度訪談，並且做滿一年的田野。

後來，我的博士論文將侗族的生育健康放在生育政治的脈絡之下討論，分析國家與地方社會都想控制生育，兩者在計畫生育政策上出現衝突，生育政治對無從進入政治圈的婦女健康造成什麼

影響。國家用計畫生育政策控制生育，但是侗族社會也有他們的生育理想和控制生育的方法，當兩者發生衝突的時候，邊村知識分子和寨老放送一個生育神話，熱烈呼應計畫生育政策，檯面下則繼續保有他們的生育理想。生育神話當然是用種種文化手法包裝起來的成品，上有政策，下有對策，這是弱小民族應付政府管控，試圖保有生育主導權的策略。最後，我的博士論文按照學術要求寫出來了，通過審查、修改好論文，繳交論文同時申請永久不對外公開，為的是保護村民，以免村民遭到社會壓力或政治風險。研究結果盡量以英文發表，或者以這片山區的幾個村寨為例討論高嬰幼兒死亡率的問題，反映集體的受苦。2018 年中國裁撤中央計畫生育委員會，改制為國家衛生健康委員會，該會並撤銷與計畫生育有關的三個機構，這些動作意味著嚴格的管控生育間隔和數量的計畫生育政策宣告結束，2021 年政府全面鬆綁生育限制，生育將更加有彈性。

　　我做侗族研究，大部分的時間都在一片荒蕪的歷史找路，努力學習侗語，破解古侗文，研讀歷史文獻，耕耘田野，一步一步認識這個逃難族群。為了更加了解山區侗族人，我一再回到中國貴州黔東南山區做研究。十幾年過去了，我才算理解這個山地族群為何要隱蔽山林。回到臺灣，我得空就往山林跑，部分原因是為了體會侗族人因為逃難進入崇山峻嶺，究竟遭逢什麼經驗而形塑他們獨特的人觀和妖怪文化。

　　從人類學的巫術研究，我了解到變婆巫術指控的運作模式，並理解村民對可疑的外人種種的反應，進而從侗族的巫術指控探討歷史上中國西南漢族和非漢民族的緊張衝突與變婆象徵、傳說的關聯性。寫作變婆的巫術指控，我才恍然大悟，過去被鄉政府和村幹抹黑成壞人，親身經歷的是一場巫術指控的洗禮。村民知道我要在村子裡住一年，有可能把村子的秘密看光光，如果我去跟政府報告，有可能對村民造成極大的傷害，未合

乎規定的人肯定受罰，還得交罰款。我這才明白
村民當我是「奸細」，對村民深具威脅，所以在邊
村的那一年不時地遭到抹黑和排擠，這些指控說
明村民意圖把對村子不利的人趕出去，以便讓村
子重新回復寧靜。

我很感謝邊村的侗族人後來接納了我，告訴
我為什麼被抹黑，否則我無法以他們的視角認識
中國西南的巫術指控。隨著激越的河流逆水北上，
在黎平四寨下船後，我們步行到邊村的祖居地。
翻過一重又一重的山嶺，來到侗族保護神犧牲的
地方。村民一年勞動十個月，收割稻子的季節，
我們在田邊燒烤肥美的田魚，配上糯米飯和野菜。
寒冷的冬天，我們靠在火塘烤火聊天。十幾年溫
暖的友誼幫助我持續做侗族研究，最終，我了解
到那個世界有關變婆與婚姻的真相。

這本書的完成還要感謝所有侗鄉的朋友，十
幾年前素未謀面的我們在侗人網真誠地交流討
論，共同關心侗人的發展。我曾經想申請一個項

目——刺梨花之聲，集合侗族醫界和人類學的人才，舉辦農村侗藥傳承班，以侗戲的方式演出婦女健康的問題，透過廣播電臺跟山區廣大的侗人交流，有人能義務提供醫療健康諮詢，使用在地資源照顧侗人的健康。可惜，後來因為種種因素沒辦法完成，但是這項計畫受到網友們的支持和肯定，這十年來一直與網友保持連繫，也圓了多年前相約風雨橋見面的夢。我後來的田野跨越貴州和湖南兩省，也多虧網友們的照顧和帶路。

藉由這本小書，我希望與更多人分享中國西南的巫術指控獨特之處和妖怪的人類學研究。藉由人類學家在邊村的親身經驗和巫術指控的人類學研究，讓我們一起打開邊村侗族抹黑鄰居的潘朵拉盒子，看清楚變婆的巫術指控想表達什麼社會意圖。從事侗族變婆的研究也讓我一窺侗族的精神世界，反思數百年來人們對巫術抱持的偏見。我在醫學院教書，每年都帶醫學生進醫院或精神康復之家與病人深度訪談，經由建立信任關係和

病人的互動之後，學生著手書寫病人的故事。病人講述故事，往往能讓他在受苦中重新整理自己，寫出病人的故事正是彰顯他們生命意義的方式。我也希望《妖怪、變婆與婚姻——中國西南的巫術指控》這本小書能讓讀者看到，動盪不安的社會以什麼方式維繫下來。巫術跟醫學一樣，都在幫助人們重拾生命的力量，拿回主導權，設法干預命運，協商社會關係，對社會和個人所面臨的災難不幸和困惑不安提出有意義的解釋，對社會危機提供風險管理的因應策略。

顏芳姿

2021 年立秋

* 顏芳姿，〈變婆的巫術指控：抹黑鄰居的社會展演〉一文首刊於《民俗曲藝》第 185 期（2014 年 9 月），頁 167～217。

** 顏芳姿，〈政治敏感的田野：田野在還沒踏進田野就開始了！〉一文首刊於《人類學視界》第 26 期（2020 年），臺北：中央研究院民族所。

*** 侗族的稱謂採行親從子名制 (teknonymy)，隨著下一代出生，

　　孩子取名之後，父母年輕時的名字便被取代，父母的名字重新以下一代的名字加上輩分命名，身分因生育而升格。以孩子名字叫文為例，文的父母叫 *Bux* 文（文的爸爸）和 *Neix* 文（文的媽媽）。孫子海出生後，*Bux* 文和 *Neix* 文的名字再度脫去，升格為 *Gongs* 海（海的爺爺）、*Sax* 海（海的奶奶）；外孫海出生後，則升格為 *Dal* 海（海的外公）和 *Deel* 海（海的外婆）。以下報導人的名字均為化名。

妖怪、變婆與婚姻

——中國西南的巫術指控

前　言

　　研究民間譚 (folktale) 的楊雨樵告訴我們，從中南半島的寮國和泰國北部、中國西南雲南、貴州、廣西到太平洋的民間傳說都塑造出各種變形的妖怪，分布極廣。玻里尼西亞的食人女妖叫 *Malekula*、泰國的飛頭女鬼 กระสือ (*Krasoea*) 是個年輕的女餓鬼，臺灣則有噶哈巫族和巴宰族的番婆鬼。峇里島凸眼、虎牙，露出特大號舌頭的惡魔 *Rangda* 沒有小孩，最愛吃流產的嬰兒，夜半到墳場專門吃人的血肉。清代乾隆年間的《柳州府志》和光緒年間的《黎平府志》收錄死後破棺而出，回家找尋親人的變婆。中國語言學家李方桂研究侗台語，蒐集到西南侗水語系的莫家村謠傳變婆，德國民族誌學家鮑克蘭 (Inez de Beauclair,

1897–1981) 在貴州省從江縣的苗族村寨也蒐集到變婆的傳說。聽說侗族的變婆前臂只有一根骨頭、乳汁會污染酒食，變婆餵奶給嬰兒，會把嬰兒變成變婆。這些食人妖長得特別美，飢餓而且貪婪，帶著強烈的忌妒，趁父母不在身邊，專挑小孩子下手，特別威脅後代子嗣。

　　我本以為，侗族人口中的變婆不過是傳說故事而已，後來在黔東南山區侗寨——邊村做田野，遇到一個老婆婆過世，我們一家與村民共同經歷變婆可能出現的恐怖體驗。那一年 7 月，一位老婦人到山上的水田工作，遇到一場很大的午後雷陣雨，無處躲雨，大雨淋濕她全身，家人找到她時，她已經失溫過世。當天，村民竊竊窣窣傳布老婦死亡的消息，整個村寨人心惶惶，恐懼的情緒沸騰到極點。她過世後的那三天，全寨陷入恐怖的氛圍，變婆的謠言和傳說滿天飛，讓人不得不正視變婆的存在。和村民共同經歷這次事件，讓我有機會以他們的情感反應和社會行動作為訪

談的切入點，了解什麼是變婆，看清楚侗族訴諸巫術指控，想表達的意圖。

　　雖然貴州侗族地區各處都有變婆的傳說，但在邊村卻不能公開討論變婆。在這個侗寨，變婆是個超級敏感的話題，村民講話都很小心，因為他們的鄰居很可能就是變婆。儘管村民熟知鄰居的底細，但通常不對外人指出哪家是變婆。村民可不願意公開談論這種事，得罪每天要照面的鄰居，這種情況讓研究者很難找到報導人。也就是說，在這裡，變婆是村寨內不能公開的集體秘密，另一方面，村民不想冒犯人，筆者必須取得朋友的完全信任，才能進行訪問。

　　本書的研究取徑──社會展演，受到蘇格蘭人類學家維克多・特納 (Victor Turner, 1920–1983) 的啟發，他將社會當作一個大劇場，儀式和日常行動是一種社會表演，成員透過言語和行動互相溝通，展現社會訴求。他特別關注社會衝突的過程中，該社會如何以社會展演的方式解決衝突，

社會成員用巫術指控的語言溝通什麼觀點，採取什麼行動，衝突解決之後建立什麼社會規範，從而看到巫術指控如何推動社會結構的形成與社會結構的重構。

筆者一邊觀察有關變婆的各種敘事和社會行動，一邊從鬼師、英文課的學生以及信任我的朋友那邊獲知邊村對變婆的看法，願意跟我談論變婆的朋友還包括隔壁村的苗族人。雖然能深入交談的人家不多，這些人後來成為筆者的「諮詢顧問」，只要有變婆的相關問題出現，便持續向他們請教，直到將變婆的各種敘事、巫術指控、社會行動和邊村的通婚情形了解清楚為止。同時，筆者勤走出身變婆的底層家戶，與他們建立友誼。基於尊重和不傷害的原則，並考量報導人最大福祉的前提之下，筆者採取以下作法：一、在公眾場合不隨意開啟變婆的話題，避免讓邊村人感到難堪、慌亂和緊張，產生防備心；二、保護願意跟我分享變婆知識的報導人，不洩漏其身分、不

向別人談論任何已知的訊息，人名全部使用化名；三、同時與出身較好的家庭交往，轉移眾人耳目，避免報導人遭受可能的社會壓力；四、即使是好朋友，絕不在變婆家庭主動討論變婆，而是從開放性的話題中，記錄他們談論到變婆的脈絡。

　　本書的第一章介紹生活中常見的巫術、提供人類學對巫術和巫術指控的研究，特別關注巫術指控的研究和理論觀點。第二章介紹中國西南巫術指控的獨特之處，討論貴州東南部（簡稱黔東南）的巫術指控與婚姻的關係，並說明中國西南為什麼妖怪特別多？這些妖怪在謠言、傳說故事裡譜出什麼主題？又如何被不同的主體操作？指控有妖怪的社會有特別的婚姻模式嗎？第三章以貴州侗族的變婆為例，深入探討山區侗寨把周遭的鄰居抹黑為妖怪，這種特殊的巫術指控對社會造成什麼影響？第四章以社會展演說明變婆在象徵層次的巫術想像和抹黑鄰居的巫術指控、不與妖怪通婚的擇偶禁忌背後有什麼特別的文化邏

輯？整個社會演出這齣戲劇想表達什麼意圖？巫術指控作為分類、修正、補償和重整機制在衝突、過渡和整合的社會發展過程扮演極為關鍵的角色。

巫術與巫術指控

　　雨水對於以稻作為主食的侗族人來說十分重要，傳說鬼師吳為民有個好朋友吳萬想，有一年發生嚴重乾旱，吳萬想叫吳為民施行法術，「真的下雨來，才算你的法術厲害」。吳為民選得吉日，6月那天要求村民殺一頭一百二十斤的豬，他說「喊天一做好馬上下雨，最遲三天內肯定下雨」。當天，吳為民登上祭壇「喊天」，晚上果然下起雨，連河流都漲水了。這個習俗從那個時候一直延續下來，現在貴州省黎平縣黃崗將之擴大舉辦為連續三天的喊天節。2007年6月15日一早，我到了祭祀現場，喊天之前，鬼師先迎請侗族保護神「薩歲」，由三個管理薩堂的男人先敬拜祂，跟祂一起喝茶，殺豬之後，拜託祂出面請雷婆降

雨。震撼人心的喊天從「天喔！地喔！祖公落寨啦，天打雷了！」開始喊。熟悉祭詞的 *Bux* 良妹一句一句念誦，一個聲音洪亮的男人接著站起來宣讀，每告一段落就敲鑼。

　　邊村選在 6 月巳日祭雷婆，村民將「巳」看做蛇，蛇代表龍神和水神。邊村的老人說「以前我們也喊天，現在不做了。遇到乾旱，請雷婆降雨；如果不降雨，我們全村還要殺一頭牛繼續祭拜」。以前，邊村舉行喊天之前，先派一名男子爬上鼓樓頂端，敲打長鼓，鼓聲隆隆。老人坐在鼓樓下面，對著天喊，內容講的是：

　　　　今天接雷婆，祭祀你雷公、雷婆，請你幫我們降雨來。雷婆挖井讓雨落下，我們一起迎雷公、雷婆。祈求天降好雨，雷婆從東方降雨來，為我們除蟲害。從南方降雨來，對我們種的莊稼好。雷婆從南方降雨來，為我們除掉綠蟲，從北方降雨來，幫

> 我們除掉稻灰蟲。稻禾長得高又壯，稻子
> 的根長得深又長；連野生的稻禾，也能夠
> 長得很大，長得像馬尾，粗得像牛尾。稻
> 子的生長不受干擾，自己慢慢地生長，鳥
> 兒飛過去不吃，老鼠從旁邊經過也不吃。
> 祈求雷婆降雨，保佑我們莊稼豐收。

鼓樓外型像寶塔，裡面中空的設計具有共鳴的功能，自動擴大音效，叫聲通達上天。如今邊村已經沒有人記得完整的喊天祭詞，不過，6月巳日這天，邊村仍然安排送粽巴給岳父、岳母，白天婦女聚餐，晚上家家戶戶祭雷婆，說說笑笑度過一年之中最熱的一天。

巫術是什麼？

　　科學和巫術都試圖找出所有事物的內在規律，藉以控制周遭的人事物。科學家觀察宇宙和

周遭世界，找出事物與事物之間的自然法則之後，運用一套可供驗證的知識系統改造人類的生活世界和外在環境。巫師也找出事物之間的規律，使用神秘、不可知的超自然力量對特定對象或對外在世界產生一定的影響。不管是侗族的鬼師喊天祈求降雨，或是藏族的薩滿驅除冰雹，都可以看到儀式專家以巫術的力量守護眾人的生存，他們時時刻刻觀察氣象，運用高強的巫術試圖控制天氣，以確保糧食的生產無虞。

巫術很早便存在這個世界上，自從研究異民族、異文化的人類學者隨著殖民帝國的擴張接觸到第三世界的原住民族，巫術一直是人類學很重要的研究領域。起初，人類學家觀看巫術的角度反映他們的身分背景和學科的思維模式，英國醫生兼人類學家威廉·里佛斯 (W.Rivers, 1864–1922) 寫的《醫學、巫術和宗教》到馬凌諾斯基 (Bronisław Malinowski, 1884–1942) 出版的《巫術、宗教與科學》，兩位人類學家接觸到土著行使

的巫術後想知道，這些民族信仰巫術或施行巫術的行為背後有什麼思考？巫術跟醫學和宗教有什麼不同？早期的人類學家對巫術的研究受限於西方的思考架構，而後，人類學家從知識史的角度了解整個學科發展史，反省過去人類學曾經為帝國殖民服務、作為進步發展史觀的建構者所形成的知識有問題，當代人類學家不再用社會達爾文主義進化論的史觀評判巫術的落後，逐漸擺脫歐洲中心觀對巫術的成見，打開人類學研究巫術嶄新的視野。

常見的巫術類型

英國人類學家詹姆斯・弗雷澤 (James George Frazer, 1854–1941) 最早注意到某些巫術使用物質媒介，發揮超自然的影響力。他提出巫術的原理：通過與神鬼溝通、人事物的模擬或接觸而獲得巫術的力量。巫師運用同類相生的相似律施行法術，透過模仿某物便能實現心中的想法，這種

巫術稱為「模擬巫術」。利用事物的一部分物質或事物之間具有關連性，只要某人接觸過那個物體，巫師便能通過他接觸過的物體對某人施加影響，這種巫術稱為「接觸巫術」。

針刺人偶是宮廷鬥爭經常上演的大戲，這種巫術運用「模擬巫術」的原理，加害者用針扎進人偶，做出刺傷人偶的動作，他們相信人偶代表的真人會因而受到攻擊。東南亞的降頭術運用的是接觸巫術，例如某人想要詛咒 A，巫師要求取得 A 身上的人骨、血液、頭髮、指甲等等物質，用來對 A 下降頭，有的降頭術可以化解恩怨、促進感情，有的降頭術令對象的身體變差，甚至死亡。巫術影響的層面顯然不是眼睛能夠看到的物質世界而已，巫師借助超自然的力量施加影響，以達成當事人期待改變現狀的願望。

巫者行使巫術，根據結果的不同，可分為兩種：對人造成傷害的是「黑巫術」，利益於人的是「白巫術」。「黑巫術」具有傷害人、攻擊人的特

性，其災難性的後果令人印象更加深刻，以致一般人將巫術視為邪術，造成以偏概全的誤解。有人以為，巫師專門使用黑巫術跟魔鬼打交道，他們召喚魔鬼來詛咒特定的對象，這種巫術可能透過放蠱、下咒、詛咒等秘密儀式達到傷害的目的，甚至奪人性命。音樂人類學者蔡宗德研究印尼民族音樂二十年，他在這個基礎上進一步了解印尼的巫術，進入印尼當代巫術的田野。他記錄過一個鬼娃娃事件，使用當地的巫術方法進行人與靈界的溝通，並行使某種靈與惡鬼的交換儀式達到事主所期待的結果。我問他，巫師為何答應做黑巫術？做傷害性的巫術對施行法術的巫師有什麼影響？蔡老師的回答讓我了解到，印尼巫師的經濟條件並不好，做黑巫術並不會讓他損失更多。印尼的巫師之所以應事主的要求而行使黑巫術，絕大部分在解決平凡人們心中的怨恨和痛苦的執念，那些怨恨和執念把他們困在自己內心的桎梏籠牢裡。巫師作法幫助他們解脫，免得他們做出

更劇烈的傷害。

　　並不是所有的巫師都學習黑巫術，有的巫師學習對人有益的魔法。古代巫師能溝通神鬼，如前面提及的侗族喊天，運用巫術神奇的力量求雨、祈晴、驅鬼、除祟，這類巫術屬於「白巫術」。中國古代「自重、黎絕地天通」之後，人與神靈的世界似乎隔絕開來，具有神通之力、能夠傳達神明意旨的巫師愈來愈少。臺灣原住民部落至今仍延續習巫的傳統，某些人踏上靈路，接受一定的訓練和嚴格的考驗而成為巫師，學成之後通過祭祀神靈成為部落的醫生。各地部落社會的巫師至今仍有人使用巫術，結合宗教、音樂或經文作為一種治療方式。在資源有限的情況下，巫術治病讓罹患重症、生活窮苦的農民保有希望，擺脫惡疾和病痛的壓力。

　　法國人類學家李維史陀 (Claude Lévi-Strauss, 1908–2009) 指出，人們選擇巫術治病，是因為巫術為病患提供一個結構化的解釋框架，讓病患所

經歷的痛苦變得可以理解，並在這個解釋框架之下產生行動的方案，巫醫帶領患者進行治療儀式，讓患者懷抱可以好起來的希望。對病患來說，巫術治病讓他們可以重新拿回命運的主導權，巫術的效力在於病患可以理解巫醫提出的解釋，可以採取巫醫提出的行動方案。

　　美國人類學家 Pamela J. Stewart 和 Andrew J. Strathern 綜整各地的巫術民族誌，將巫術分為兩種，一類巫術叫 sorcery，憑藉具有魔力的物質、魔法或咒語行使巫術，對某些人、事、物施加影響或給予控制。另一類巫術叫 witchcraft，某些人天生具有超自然力量，被懷疑具有可怕的力量足以傷害人，諸傳他們可以化身成動物或妖怪。除了使用物質媒介施行黑巫術或白巫術，還有一種巫術存在於人身上，美拉尼西亞人用 *mana* 稱呼超自然神秘的力量，他們相信某些巫師和英雄人物天生具有超自然能力可以為人消災治病或傷害別人。英國人類學家伊凡普里查 (E. E. Evans-

Pritchard, 1902–1973) 研究非洲的贊德文化和阿贊德人的巫術，其中，*mangu* 這種巫術且具有遺傳性，只要有一個人被證實為巫師，所有跟他有血緣關係的人全部都是巫師，而且被社會認為對人具有傷害性。第二章談論中國西南的巫術類型，將以 Stewart 和 Strathern 的分類，釐清巫蠱和鬼蠱屬於哪一種巫術：sorcery 或是 witchcraft。

當代社會裡的巫術變形

由於巫術缺乏證據、無法驗證，講求理性、服膺科學的現代人往往將巫術視為無稽之談或者迷信。然而，巫術並不是古老年代的專屬品，千萬別以為進入現代社會，巫術便滅絕了。人類學家的研究顯示，巫術長壽得很，到處可以看到它的蹤影，不僅有增加的趨勢，更因為商業化的發展和網路的流通，更加容易取得巫術的協助和散播，當代社會的巫術形式產生更多變形。

地中海社會相信某些人出於忌妒，通過「邪眼」的巫術力量，可以對他人造成傷害、生大病或遭遇厄運。因此，葡萄牙的母親會幫小嬰兒戴上護身符。又如土耳其以藍眼護身符著稱，大街小巷到處都有藍眼造型，人人配戴藍眼護身符，據說可以防衛神秘又惡毒的邪眼所露出的忌妒力量。藍色的惡魔之眼不只是護身符，現在變成文創商品、冰箱貼、吊飾和鑰匙圈，流入世界各地。吸血鬼是歐洲中古時代民間傳說虛構的人物，以吸人血的方式奪取受害者的性命，自 1897 年小說《德古拉》問世以來，從古堡中的公爵到吸血鬼的變種狼人，吸血鬼一直是現代電影很紅的恐怖片要角。

現代社會的巫術還有其他新的形式，比如，黑函和網路霸凌。醫界每逢考績升等或年度續聘，審查期間卡位競爭，人際關係格外緊張，經常有人發黑函，以檢舉中傷他人。政治強權也善用新聞和電影等媒體製造「恐怖分子」，西方國家污衊

對抗資本主義的伊斯蘭世界，使得信仰伊斯蘭教的穆斯林幾乎等同於恐怖分子。

從古至今，不尋常的死亡案件和接踵而來的恐懼常常招致各種捕風捉影的閒言閒語，對某些人進行抹黑和指控。流言和假新聞在人與人之間流動，聚在網路嘀嘀咕咕的民眾試圖找出一個解釋以重建社會秩序和心理秩序。

2013 年臺灣發生「媽媽嘴雙屍命案」，媒體稱主嫌為蛇蠍女，那一陣子主嫌在檢警的誘導之下，聲稱咖啡店的老闆和其他兩位股東為共犯，檢調單位故意洩漏偵查中的案情，媒體接著未審先判，咖啡店的老闆一夕之間變成殺人犯，遭到網友一片撻伐，媽媽嘴咖啡店也被冠上「龍門客棧」和「殺人咖啡館」的名號。雙屍命案經審理之後，釐清真相，事實乃是主嫌一人犯案，其他三人偵結不起訴，最終洗刷嫌疑。咖啡店的老闆經歷過一夜之間所有的人都指控他殺人，被社會當作箭靶的莫須有罪名，他認為人云亦云是非常

恐怖的經驗，於是以受害者的身分與民間司改會向監察院提出陳訴，要求落實偵查不公開，司改會並啟動監督檢調的機制，避免這類情事再度發生。從巫術的發展過程來看這起抹黑事件，媒體和民眾對媽媽嘴咖啡店老闆的指控，表現臺灣社會試圖為這起駭人的雙屍命案找出解釋，人們難以想像一個女子可以連殺兩人，社會的緊張不安引起人們對兇手的想像和指控。以上說明現代社會的巫術出現各種嶄新的面貌，本書也將討論侗族人運用巫術指控來解決社會發展過程中碰到的問題。

人類學家眼中的巫術指控

　　英國人類學家伊凡普理查研究《阿贊德人的巫術、神諭和魔法》發現，阿贊德人不只信仰巫術，還用巫術來解釋不幸、非比尋常的事件、疾病、死亡，處理人與人之間的緊張矛盾等社會問

題。他最早將巫術視為一個社會處理危機、衝突的群體知識，不把巫術當作邪術，不將巫術視為迷信，而是從社會賦予巫術的意義了解該社會如何解決衝突和危機。從伊凡普理查提供的新視角來看，巫術給我們一把鑰匙，開啟我們理解不同的社會如何解除危機。歐洲的獵殺女巫指向不幸的事件發生時，要揪出誰是要為此負責的代罪羔羊，以遏止災難。阿贊德人卻不像歐洲的獵巫行動需要有人付出死亡的代價，反而是透過淨化的儀式來解除社會的緊張。

伊凡普理查的觀點影響後來人類學對巫術的研究，研究結果可歸納成兩種看法：一派是功能主義者 (functionalist)，如英國社會人類學者 John Middleton 和 E. H. Winter，他們注重研究巫術的社會功能。另一派是認知論者 (intellectualist)，主張巫術可以一窺該社會的世界觀和思維體系，如弗雷澤。功能主義的研究聚焦於社會秩序的維持，認知論者則認為人們使用巫術指控往往是為了建

造我群和他群之間分隔彼此的社會界線，除了社
會秩序之外，還包括心理秩序的重建。當代的人
類學家傾向將功能論和認知論兩者放在一起分
析，他們認為，無論在社會秩序的維持或心理認
知的社會界線，巫術的謠言和傳說都扮演很重要
的角色。

　　巫術指控遍布全世界，爆發社會危機的恐懼
心理引發人們的巫術想像，揪出代罪羔羊或抹黑
社會一部分群體。帶有巫術想像的謠言往往表現
出一個社會族群、階級或性別之間的對立和敵意。
因政治立場不同而出現對立，或基於不同的種族、
性別、宗教和族群認同，本地人與外地人、沿海
和山區民族的利益衝突，常常是醞釀謠言的溫床。
人們對他者的想像反映地方社會的權力結構，巫
術指控則是用來鞏固社會內部人群的界線，區分
出誰是自己人、誰是外人，誰是敵對勢力、誰可
以拉攏連結。

　　美國人類學家 Stewart 和 Strathern 根據各地

的巫術民族誌將巫術的發展過程標示出來，有助於我們釐清一個社會如何使用巫術指控他人及其背後的意圖。謠言是形成巫術指控的前奏，用於處理當地人所面對的緊張衝突或沒有預期的不幸災難。夾帶著巫術想像的謠言，為社會緊張關係的前期，但謠言並沒有停留在說說而已的階段，下一步從暗中的中傷轉變成明白的指控，接著導致清算。巫術有關的謠言因而被人類學家視為一種可以產生社會行動的論述，可以動員社會群體的力量。巫術謠言興風作浪，控訴者傳播這種言論，展現出他們期待改變現狀的意圖。

美國人類學家 Stewart 和 Strathern 對於巫術研究最重要的貢獻在於，他們提出巫術指控本身就是一種巫術。儘管巫術指控與神秘、不可知的超自然力量不同，帶有巫術想像的謠言對異教徒、異議人士或非我族類的抹黑和羞辱是一種隱蔽的巫術，指控者說他們破壞社會穩定，妖魔化他們，排斥他們，讓他們失去親人和社會的支持，使他

們陷入孤立的境地。

　　巫術指控最初以謠言的形式提出某人行使巫術，或者指稱某人是惡毒的巫師。有的社會指控會上及司法部門，經過審理，再公告審判的結果；有的社會指控僅停留在閒言閒語而已，並沒有一定要揪出罪犯。前者揪出代罪羔羊，後者使用流言蜚語進行污衊。污衊人的巫術指控，以一種巫術想像對人抹黑，連證據都是人為編造，被影射的人既不是巫師，也不會巫術，卻不妨礙這種指控在人與人之間傳播開來。人類學家發現，巫術想像滋生於緊張對立的社會脈絡，以及心理情感上的恐懼和敵對，一旦巫術想像與實際的社會經驗和心理情感相契，再經過謠言傳播，很容易形成巫術指控。巫術指控反映出人際關係的緊張衝突，平日潛伏在社會生活底下，人和人之間的猜疑、不信任、嫉妒、敵意和怨恨，在危機時刻特別容易顯露出來。

　　巫術指控通常是由有權有勢者散播流言或操

弄謠言，以巫術指控弱勢者，例如在歐洲，政教合一的教廷在宗教勢力穩固下來之後，將不同的教派或對手抹黑為異端、撒旦，以此取得迫害敵人的權力，並藉指控的手段強化教廷的政治權力。以獵殺女巫為例，十四世紀歐洲人建立基督教神學，作為宗教權威的教廷將新興宗教妖魔化，並迫害異教徒，女巫被當作異教徒處置。教廷指控女巫與撒旦進行交易，撒旦賦予她超自然的力量以換取女巫對撒旦的忠誠，並且指控她們吃人肉、縱慾、狂歡，審判過後，教廷將捕獲的女巫焚燒至死或者處以絞刑。

歐洲獵殺女巫的行動反映教廷與新興宗教之間的對峙，人類學家 Stewart 和 Strathern 歸納出歐洲巫術指控的基本結構：最初巫術是從發生不幸開始，眾人猜疑、議論紛紛之際，最容易滋生謠言和閒話，這個階段可說是處於「僵持階段」。巫術謠言和閒話承載著當地的文化概念，催化下一個階段的社會行動，有人被指認出來，這時的

巫術控訴屬於「清算階段」，接下來的「履行階段」是由宗教機構或國家的司法部門審判行刑。

　　我們從很多民族誌看到巫術的性別特徵，儘管被指控者有男、有女，女性和母舅在某些地方特別容易成為攻擊的目標。巫術指控反映社會結構的緊張衝突，妻舅和妻子對夫家來說是外人，因此常常成為被指控的對象。不過，到底是哪個性別容易遭受指控，在很大程度上取決於該社會對文化的理解和信仰以及他們採取的行動。

　　在內部被視為他者或是邊緣人處於社會群體的模糊地帶，缺乏穩固的社會支持，也容易遭到指控，例如在新機內亞，外地人的身分便會遭受社會的指控。日本攻擊珍珠港時，當地人謠傳住在夏威夷的日本人會對美軍下毒，日本女人也被指控穿和服歡迎日本飛行員。這個事件中被控訴的日本人既是本地人又是外地人，既是日本人又是美國人，身分認定的不確定性連帶地讓人懷疑他們的不可靠和容易背叛。

　　傳統的權威結構解體、社會變遷出現問題，容易引發巫術指控。就指控者與被指控者的關係來看，排他性愈大的社會，愈容易講別人閒話，愈容易引發人與人之間的猜忌。指控與被指控的關係具有上、下等級的區分，女人和社會位置較低的人比較容易受到指控。但所有的原則都有例外，弱勢者也會以其人之箭，還射其人之兵。比如美國黑人努力想改善他們自身的生存，無法達成心願時，黑人指控白人教會所經營的雞肉專賣公司下毒讓黑人絕育，意圖引起黑人的滅絕，接著以這個控訴釀成抗議運動。另外，被殖民者也使用巫術對抗殖民母國，巫術指控表達當地人反抗殖民的看法。非洲、印度和巴基斯坦等殖民地的巫術謠言不只代表村落內部政治群體的分裂，更發展為被殖民者對現代化的批判，衍生出後續的抗爭運動。

　　伊凡普理查開始將巫術視為解決社會衝突和危機的知識，Stewart 和 Strathern 在這個基礎上繼

續研究各地巫術與巫術指控的民族誌，他們歸納出巫術指控在歐洲和亞非等殖民地不同的發展類型：歐洲的獵殺女巫，揪出代罪羔羊；亞非殖民地的巫術指控後續發展為政治抗爭運動。謠言孳生於巫術指控的前期，帶有巫術想像的謠言既鞏固社會界線，可以說是人群流動過程中用來鞏固自己人、區分外人的媒介。對立衝突中的群體，使用巫術區辨人我，也在權力結構和支配關係上互相較量，巫術指控推動著社會的發展。這些人類學研究巫術的觀點影響筆者思考中國西南的巫術指控，為何指向不准跟妖怪結婚的擇偶禁忌，第二章將拉長時間，從歷史經驗和發展過程觀察中國西南的巫術指控有什麼獨特之處。

中國西南的巫術指控與階層婚

明清的文人筆記和地方志記載不少中國西南的妖怪，二十世紀初期踏入這塊土地的傳教士、語言學、文學家和民族學調查學者也留下這類鄉野奇談。近年來，歷史學家和人類學家在西南各地仍然聽到不少妖怪敘事。中國西南出現的妖怪最多，鄉民不斷講述的妖怪故事已經流傳數百年，人類學家想知道，妖怪對當地社會的重要性，也想要拆解妖怪與婚姻扯上關係的謎團。這一章將討論中國西南的巫術指控，在不同的主體操作之下，譜出的主題和社會控制的方式。

中國西南的瘴癘之氣和崎嶇多山的地形阻絕，明清兩代，隨著屯堡衛所等邊疆防衛機構建

立，漢人遷入。西南到兩廣和滇緬的貿易網絡打開之後，各行各業進入西南開墾、挖礦、伐木和運輸的人士愈來愈多。漢與非漢民族接觸的地區出現蓄蠱放毒的咒術和各種人鬼變形的妖怪。近年來，中國學者將中國西南的巫術分為巫蠱和鬼蠱兩類。明清開拓西南，漢人接觸到的邊區如雲南、貴州、湖南和廣西等地都留下蓄蠱的書寫，在他們眼中，異族擅長養蠱、放蠱，毒害他人，其中以苗女下蠱最為著名。鬼蠱指的是各種鬼怪，已知的研究有羌族的「毒藥貓」、傣族的「琵琶鬼」、苗族的「老虎鬼」、「貓鬼」和「釀鬼」以及苗族、侗族都存在的「變婆」和「生鬼」等等。

中國西南巫術的型態

中國西南的巫術分成巫蠱與鬼蠱兩個類型，巫蠱憑藉具有魔力的物質施法，屬於 sorcery 的範疇；被妖魔化為鬼怪的鬼蠱，本身即有某種超自

然力量，足以傷害人，歸屬 witchcraft 的範疇。
下面詳細說明中國西南的巫蠱與鬼蠱兩種巫術。

巫　蠱

使用毒蟲害人的巫術以「苗女下蠱」最為人
知，據說放蠱的人得先找一個容器用米飯養蟲，
經過聚蠱、煉蠱，養出百毒之毒，取出加工，用
以下蠱。中蠱的人為毒蟲所害，若沒有拿到放蠱
人的解藥，只有死路一條。巫蠱是中國特殊的巫
術類型，巫術與蠱毒原本屬於不同的文化事項，
這裡兩者連在一起合為「巫蠱」，用來指稱「使用
毒蟲這種邪術作祟害人」的人。

放蠱這種黑巫術專門用來懲罰違背誓言的男
人，據說來到西南邊疆地帶的外地人戀上苗女，
被放蠱而不自知，若沒有按約定回來吃解藥，蠱
毒一出便痛苦難耐。很多族群傳言女性放蠱殺人，
事實上，「苗女下蠱」的謠言在不同的時空背景下
由不同的族群操作，達到他們所想要的政治目的

或社會控制；因此，需要注意產生謠言和巫術指控的社會情境和地方邏輯。

巫蠱信仰興起於記述鬼怪神異故事的志怪文學，特別是漢人對他者的奇異想像，經過謠言傳播，形成一種令人恐懼的信仰。美國人類學家 Norma Diamond 的研究指出，中原王朝的統治者開疆闢土，接觸到住在西南的苗人，發現「苗」跟漢人差別非常大，以「苗女下蠱」形塑漢人對「他者」的想像。不管是生態環境、文化習俗、家庭組織、宗教信仰或婚姻，苗與漢人極為不同，尤其是苗女的社會地位並不低，從婚戀習俗、婚前自由交往、自然發生的性行為，到婚後沒立刻住進夫家（人類學稱之為「緩落夫家」的習俗），男女可以在婚姻的範圍之外繼續玩樂。「苗」的性別角色和社會交往的規則顯然與漢人相當不同，種種社會安排給予苗女很大的自由空間，在在都撼動漢人的社會秩序。也就是說，統治者所支配的男尊女卑，男主外、女主內以及女性恪守貞操

等社會規則，在西南山區社會遭到相當大的挑戰。漢人於是訴諸放蠱的謠言、傳說，抹黑苗女，試圖用「苗女下蠱」的指控重建儒家主導的社會秩序。

其次，「苗女下蠱」主要發生在湘西。明萬曆年間在湘西修築苗疆長城，隔絕不服王朝統治的苗人，清代續修這道邊牆。「湘西」代表漢族與非漢族群互動的「異族接觸地帶」，受到帝國軍事殖民擾亂的湘西常與進入苗疆的漢人合作抗官。官府認為這些漢人將苗疆變成犯罪天堂，史書上政府稱呼他們為「漢奸」，這些漢人移入苗疆之後，娶了苗女，看到政府種種壓迫苗民的情事，參加抗爭，出謀略，與苗民一起對抗官府。歷史學家研究發現，清朝乾隆、嘉慶年間苗亂之後，朝廷出版的地方志等文獻出現大量的「苗女下蠱」。到湖南苗疆地帶當官的漢人主動放送「苗女下蠱」的謠言，用男人中蠱的恐怖下場嚇阻漢人，持續不斷傳播這類訊息，避免漢人進入苗疆，勾結苗民，引發叛亂。可見，官府製造「苗女下蠱」的

謠言與建造苗疆長城的政治目的一樣，是為了嚴防苗、漢的界線。只不過，「苗女下蠱」是為了嚇阻漢人進入苗疆所築起的無形社會邊界，苗疆長城則是有形的邊牆，兩者共同阻擋苗漢聯手對官府發動攻擊。

當代苗族學者潘文獻到貴州黃平等苗族村寨進行田野調查後指出，巫蠱存在的基礎是謠言。社會中緊張的人際關係是巫蠱想像的直接原因，有的發生在有利益衝突的兄弟之間，有的是外地遷來卻無法融入當地的人家。他主張，苗人的巫蠱信仰受到漢人影響而內化到自身的社會，村寨發生社會衝突矛盾時，「苗女下蠱」的指控通常要揪出放蠱的人才能解除社會危機。

「苗女下蠱」的謠言經過長時間的傳播，指控的對象已不只鎖定苗族，而是廣泛指控侗族人。當代社會更多地用「下蠱」來解釋不可思議的事件，比如臺灣人用「被人下蠱」來理解發生在我身上的事情。兩岸自 1987 年開放大陸探親和交流

以來，臺灣女人嫁給侗族人的例子不是很多，臺灣人類學家嫁給侗族畫家就更稀奇了，1999 年我們辦的結婚證登記為貴州省第 70 號涉外婚姻。每當朋友們很訝異地發現我前夫是侗族人，馬上要我交代我們怎麼認識的。通常我會回答，我們是做侗族研究而認識的，當年清華大學林淑蓉老師研究侗族的田野，選中我前夫家的村子。那時候，臺灣經濟繁榮可以用「臺灣錢淹腳目」來形容，我嫁到聽都沒聽過的窮山溝，有人說：這個女人八成被人下蠱了。華人世界十分熟悉苗女下蠱的故事情節，這句話強調這個女人肯定是被黑巫術控制了，才會戀上偏遠地區的侗族人，跟情人跑了。以「被人下蠱」解釋「不可思議的事件」也映照出從這個角度思考，比較能理解為什麼事情沒有按照臺灣社會的常理發展，反而出現讓人跌破眼鏡的局面。下蠱之類的異族想像用謠言異族化另一群體，破壞規矩的人被歸因於黑巫術的控制，這類謠言用以區分我族與異族、遵守規範和

違規者之間的社會界線。

鬼　蠱

妖怪在中國西南不只是謠言、傳說，社會中有一群人被妖魔化，說他們具有恐怖的巫術力量，這些依附在活人身上的妖怪，中國學者總稱為「鬼蠱」。這種類型的巫術指控，地方社會並不像中蠱事件要揪出罪魁禍首，而是用隱晦的象徵符號表達不得婚嫁的對象，甚至性的禁忌。以巫術控訴外部他者或內部他者，這種我群與他群的認同和區分，使得人與妖怪構成一種社會分類的範疇，這點引起研究族群關係的歷史學者和關心人群聯結的人類學者之重視。

各地的鬼蠱

傅安輝和余達忠在北侗貴州錦屏縣九寨村調查，記錄到生鬼、獸鬼或貓鬼。貴州省錦屏縣平秋鎮和彥洞鄉這一帶的侗族人說，有一類人被稱

為「生鬼」，當地人認為他們是不乾淨的家戶。有的苗族人說他們是野人、有的侗族人說他們是牛馬的化身，有的人說他們是人，祖上因為某種原因而讓鬼附身。平時人們與生鬼劃清界線，避之唯恐不及，不經意見到的話，像遇到了鬼一樣，連連吐口水，趕緊走開。一般的人與生鬼最嚴重的衝突發生於婚姻上，人們嚴禁子女與生鬼結婚，犯忌的話，便會六親不認，馬上跟他劃清界線。

　　侗族還有一種妖怪叫「變婆」，出現在貴州黔東南榕江縣、從江縣和黎平縣交界的山區以及廣西三江縣獨峒鄉的山區侗寨。德國民族誌學家鮑克蘭形容中國貴州省從江縣苗族的「老變婆」有人的長相，實際上卻像吸血鬼，以吸血的方式攝走受害者的生命力。變婆和吸血鬼的外表和行為是個人，都擁有可以致人於死的巫術能力。苗族、侗族村寨論及婚嫁時，村民都極力避免跟變婆結婚，從這個禁忌可以看到，苗族、侗族遇到人群分類上屬於妖怪化身的變婆就高度緊張。

　　傣族的琵琶鬼是一種很兇的惡鬼。傳染病肆虐時，當地人出於對疾病的恐懼，會請巫師作法，拷打病人，找出附在他身上琵琶鬼的名字，輕則驅逐，重則放火燒房子。也有人將琵琶鬼視為巫師的陷害，有的琵琶鬼則是被領主污衊。成為傣族社交禁忌的琵琶鬼有以下特質：長得特別美、不是很有錢便是太窮、人際關係不合群，這些人被認為偏離傣族「平等」的價值觀，對社會秩序造成困擾。傣族以琵琶鬼對他們進行巫術指控，規定琵琶鬼不得任官或當和尚，意圖恢復社會秩序。被驅趕的琵琶鬼自成一寨，傣族社會稱為鬼寨，不能與外寨通婚。

　　目前有兩本書談論苗族和侗族的妖怪，一本是苗族學者劉鋒的博士論文，研究貴州黔東南苗族婚姻制度的〈巫蠱與婚姻〉，討論苗的巫蠱和釀鬼；另一本是曹端波《侗族巫蠱信仰與階層婚研究》，橫跨北侗和南侗，各挑出代表性的村落討論侗族的巫蠱信仰，包括生鬼、變婆和草鬼婆。劉

鋒認為，巫蠱源於不淨的異己觀念，經過不斷妖魔化異己的過程，毒藥的影響從物質層面轉為精神層面，不僅活了，而且變成害人的惡魔。黔東南苗族社會建構的巫蠱信仰，不是湘西苗女養蠱放毒這個類型，指的是「存在於人身上的鬼蠱」，曹端波直接將之稱呼為「活人鬼」。這些人身上依附不好的靈魂，能夠跑出來害人。兩人討論的對象不再是施行巫術的物質憑藉，而是妖怪，是以筆者將劉鋒和曹端波的研究歸在「鬼蠱」這一節詳細討論。

　　苗的古歌和傳說並沒有養毒蟲為蠱的說法，「巫蠱」是後期出現，但已經是苗族社會裡非常關鍵的文化概念，足以調控苗族的婚姻。是以，苗人的巫蠱觀應從苗的 *jab qeb*（巫蠱）和 *deliangb*（釀鬼）考察文化觀念和社會事實。*Jab* 指蠱、毒和藥，具有致幻、致毒的特性；*qeb* 的意思有幾種：植物、藥、蠱、愛藥與迷藥。湘西的蠱 *qid* 與黔東南方言 *qeb* 同源，*qid* 在湘西社會

的表現與黔東南 *jab qeb* 類似。作者似乎認為釀鬼和草鬼婆有性別之分，鬼怪依附於男性身上叫釀鬼，女性得蠱藥，黔東南的 *jab qeb* 指的是藥婆和蠱婆，相當於湘西的草鬼婆。蠱的用法有地域之別，曹端波在有關巫蠱的專書指出，湘西方言區認為蠱是一種放藥的巫術，需要物質憑藉，黔東方言區則認為蠱不一定是毒藥，是純粹的巫術。被指控為巫蠱的人不見得會法術或咒語，但人們認為巫蠱在隱密的地方蓄蠱或放鬼，毒害他人，苗人稱她們為「放草鬼」或「草鬼婆」。

黔東南苗族日常方言中的鬼，不僅是人死後變成鬼，也指依附活人身上的鬼怪 *deliangb*，台江和劍河一帶稱呼這種鬼是「釀鬼」，廬山和黃平一帶則將這種鬼叫做「老虎鬼」。影子、靈魂或鬼魂在苗人社會具有相同的特質，都可以跟隨物體移動，劉鋒說明苗人特有的「影魂成活」，指的是釀鬼或老虎鬼依附的人，死後陰魂脫離物體，轉變成害人的鬼怪。苗族社會某些人被指控為釀鬼

或老虎鬼，他們具有與生俱來的傷害力，死後則可能危害人間。苗人相信，釀鬼或老虎鬼等超自然力量都可以遺傳給後代，這些人家天生具有鬼怪的「根種」，有人因為婚嫁或接觸到而具有釀鬼的特性，也能施放釀鬼的巫術。苗族的妖怪觀點顯示，血親、姻親和與之交往的朋友，都可能染上巫術，苗族人相信唯有隔離他們才能阻絕受害。

社會控制的手法

帶有巫術想像的謠言是一種社會控制的手法，把別人當成妖怪或者懷疑別人下蠱，都是從當地社會文化脈絡提取巫術想像的成分加以煉造。敘說故事的人說是什麼，就是什麼。聽眾之所以相信這些流言或閒話，是因為聽者和說者彼此共享該社會對人的看法，使得這套文化概念得以在人群之間流通。問題是，巫術指控的謠言可以輕易地抹黑別人，被妖魔化的人卻不見得知道自己具有令人驚駭的巫術力量，這使得巫術指控

保有很大的操弄空間，人們往有問題的人身上貼上妖怪的標籤，抹黑他們，便能在人與人之間的互動與連結上產生阻斷和排擠的作用。

社會緊張不安，發生危機時，社會對他者的控訴，排擠某部分人，中國西南的地方社會透過兩種手法進行社會控制：一種是找出「代罪羔羊」，另一種是「污衊」。苗族村寨遇到不知名的疾病，找出下蠱的女性以遏止災禍，社會集體排斥蠱毒傳女的家戶。趙桅的研究指出，西雙版納流行瘧疾，琵琶鬼成為代罪羔羊。王明珂研究羌族的毒藥貓，羌族對外在蠻子的恐懼、舅權的干涉，和女人可能帶來污染等疑慮，表現在毒藥貓的傳說中，將女人建構為「內在的毒藥貓」——污染我族血統的代罪羔羊。這種巫術指控則不只是閒言閒語，後續引發社會暴力，直到罪魁禍首遭到清算為止。羌族的毒藥貓、苗族的草鬼婆、釀鬼、老虎鬼或傣族的琵琶鬼，這些社會有的指控對象專指特定的社會性別，釀鬼指控男性，放

蠱多半指控女性，有的指控外地人、社會邊緣人或來歷不明的人。

　　鬼蠱的巫術力量神秘而令人恐懼，有這種信仰的社會將巫術的想像嵌入謠言、傳說之中，使鬼怪構成一種社會分類的範疇，接著對這些人以「污衊」的手段進行巫術指控，排斥這群人。這個類型多數隱密地指控社會中某一群人為鬼怪，值得注意的是中國西南地方社會使用妖怪的符號指控的對象不是針對某一個人，被抹黑的對象往往是整個家戶。中國西南的巫術指控傳達出人群之間互動連結的重要訊息：人與妖怪之分不是傳統社會結構的階級，將人區分為酋長、貴族、普通人和奴隸，而是具有特殊文化意義和人群分類概念的「身分」。

中國西南為何產生大量的巫術指控？

　　中國西南山區為什麼產生大量的妖怪？當地民族妖魔化某一群人，妖怪還是社會的一種身分標籤。中國西南的巫術指控跟國家力量介入之後，擾動西南族群的分布，造成多元族群雜居的歷史經驗有關。妖怪的巫術想像根源於社會的緊張對立，妖怪故事反映人們的恐懼心理，透過抹黑別人，以區隔他們與異己的關係。

　　明朝洪武初年布署軍事武力打前哨戰，先有軍屯，接著有民屯，大量的軍人和漢人移民到西南建立聚落。清朝的軍事殖民全面展開，漢人在西南山區發現可從事挖礦、做生意等事業，並趁機侵奪田產，不顧朝廷不准漢人進入生界置產，嚴禁無照商販入境的禁令，不斷遷入。帝國的拓殖加上漢人掠奪資源，引起地方人群的抗爭、逃

難、分化和重組，有的族群被迫遷入資源更加有限的山區生存。巫術指控是這些族群面對當地社會多民族雜居的局面，表述身分認同的策略。

歷史學者王明珂指出，謠言、傳說以隱喻的方式承載族群歷史經驗、情感與記憶。政治力量的介入，加上自然、社會和經濟環境的惡劣，族群之間存在猜疑、恐懼和不信任。他舉毒藥貓為例，處於漢藏之間的羌族存在「一溝罵一溝」的族群特色，加上當地的婚姻型態通常是往下游經濟發展較好的村落嫁，從外村嫁入的女人在村子裡就是外人，具有「最親近的外人」這種游離曖昧的特質。同時，女人代表舅權對父權的干預，形同外來的力量對社會內部的衝擊。當我群和他群的緊張衝突或者異常的災禍發生時，毒藥貓往往成為代罪羔羊，毒藥貓釋放社會內部對漢人、蠻子的緊張恐懼；同時，這種巫術指控強化本族對外族的區分，反映羌族與漢族、藏族之間的對立衝突關係，外部關係也強化羌族內部的集體認

同。這個例子可以看到羌族對內部他者的控訴，反映特定社會結構下對人群社會界線的認知過程和心理秩序的維持。

統治者指控異族妖異善變

中國西南出現許多妖怪，明清統治者也指控非漢民族像妖怪一樣善變。明清文人在帝國征服夷邦後陸續來到中原的西南方，他們對這塊土地充滿好奇心，蒐集很多奇聞異事。然而，他們不是有聞必錄，而是有意識的投射、編織和創作。中國西南非漢族群眾多，隨著帝國開闢西南，大眾對異族的話題也非常感興趣，市面上書寫異族的文藝作品相當受歡迎。

中國西南成為當時出版界的寵兒，中原的知識分子到雲南、貴州等地當官或旅遊，異文化的接觸引來好奇之風，不只官員書寫治理邊疆族群的地方志，沒有照相機的時代，《百苗圖》之類的圖文書留下統治者觀察異族的實錄，跨越異界的

冒險家也描繪許多西南的人文、地理和風景，甚至連不在場的文人也流行以西南作為創作題材，明清遊記文學和筆記小說留下大量瑰麗多彩的奇風異俗。胡曉真根據明清文學裡的西南敘事，考察流官、過客如何看待西南。她剖析明清文人筆下西南敘事的寫作脈絡，找出他們觀看的位置，直指這些文人觀看異族的多重經驗和心理反應，以及書寫西南敘事的意圖。明清時期的西南敘事雜揉許多聽聞以及漢人為官者的自我投射，回眸儒家文化，這種自我民族誌經過出版和傳播，製造出中國式東方主義的書寫。

　　胡曉真指出，「非漢民族像妖怪一樣善變」是中原文人認識異族的主要觀點之一。清人陸次雲的《峒谿纖志》前面洋洋灑灑鋪陳山川、疆土、府城、物產、經濟、交通、民情風俗，翻到後面卻跳出「異聞輯錄」，上面收錄許多中原聽都沒聽過的魔幻事蹟，從人變成狗、羊、牛、馬，倏然又變回人等謠言傳說。陸次雲從來沒有去過西南，

他寫的雲南玀人完全是聽聞而來:「其人能咒詛變幻報讎(仇)家,又善變犬馬諸物,破其法即不驗。又有二形人,上半月為男,下半月為女。按《異聞錄》,廣南苗民,其婦人能變為羊,夜初害人。又能為幻術,易人骨肉。」玀人能使用巫術詛咒,報復仇家之外,還有一種巫術存在於人身上,他們能忽男忽女,忽人忽鬼,夜晚害人,若得罪他們,你的腿下一秒就不見了。

　　明代陳繼儒的《虎薈》收錄貴州人變成老虎,老虎又變成吸血鬼的變婆故事。

　　　　貴州平越山寨苗民,有婦年可六十餘,生數子矣!丙戌秋日入山,迷不能歸,掇食水中螃蟹充饑,不覺遍體生毛,變形如野人,與虎交合,夜則引虎至民舍,為虎啟門,攫食人畜,或時化為美婦,不知者近之,輒為所抱持,以爪破胸飲血,人呼為「變婆」。

清代華學瀾在其《辛丑日記》提及貴州東南的黎平，人死後變成變婆，又變成野獸的故事。

> 黎平府屬有變苗者，亦苗之一種，凡婦之少艾，若尻際生尾，不出三日必死。死後葬山中，越三日必復甦，破棺而出，走歸其家，操作如常，亦識家人，唯力大於昔，不言不食而已。若過七日則害人，故家人於其歸也，輒諷之使去。不從，取雞一頭以示之。彼見雞，思攫人，故持雞而走，彼必隨而逐之，誘入深山，然後放雞使飛，彼逐雞而往，遂不復知返。久之，變為彪，出食人矣。

胡曉真評述明清文學中的西南敘事認為，「妖異善變」的異族書寫映射出統治者無法掌控對方，心理上對這些不願意歸順的異民族深感腹背受敵，出於這種威脅感，將對方描繪成危險恐怖的

妖怪。這類指控傳達出，非漢族群降而復叛，叛而復降，到底是野蠻人，或是同化的我族；是文明人，還是不願歸順的異族，尚在反覆變化之中。這等述奇志怪的西南書寫持續發展到當代，黔東南地區的變婆格外引人注意。國民政府官員在出現變婆的核心地區——貴州省從江縣山區採集到侗族的變婆傳說，從而在《從江縣志概況》留下完整的記錄。第三章將說明《從江縣志·異聞》項下，官員引述民國時期《從江縣志概況》採集到的變婆傳說，並做完整的討論。

山區部民以巫術指控區辨人我

基本上，明清使用兩面手法對付西南夷，接受王朝攏絡和收買的土司、部酋與王朝維持朝貢關係，成為帝國的臣屬；不願意歸順者，軍隊大舉開進生界。明清開闢新的疆域版圖，逐漸以官僚體系直接統治取代土司的間接統治。「生界」指的是沒有被王朝納入版圖的非漢民族所居住的區

域。統治者以漢化程度和繳稅服役與否，區分異族的政治身分，願意歸順中央王朝、接受漢化的非漢民族編入戶籍，成為苗民，稱之為「熟苗」；不願意歸順者稱之為「生苗」，就像外來統治者將臺灣原住民分為生番和熟番。帝國逐步蠶食湖南、廣西之後，以武力鎮壓雲南和貴州所謂的苗蠻，陸續建立軍事殖民據點，接著移民實邊。

　　清初，王朝往黔東南擴張版圖的過程中，在雲貴總督鄂爾泰和張廣泗的眼中，「苗本豺狼，難以責以人道」，他們主張以武力清剿叛亂的生苗。統治者認識到生苗具有強大的攻擊力和傷害力，將他們比喻為「豺狼」。官方眼中侗人的祖先剽悍勇猛而且鏢弩不離身，性多猜忌，動不動就殺人。《百苗圖抄本彙編》記載：

> 峒人苗，皆在下游。冬採茅花為絮，以禦寒飲食鹽醬。夫婦出入必偶，性多忌，喜殺，不離弩。在石阡司、朗溪司者，頗類

　　漢人。在永從諸寨者，常負固自匿。在洪
　　州者，劫殺為盜。

統治者觀察到，靠近石阡和朗溪土司的峒人比較
接近漢人，黎平永從的峒寨則依恃山險阻礙，藏
匿於山林，洪州的峒人則常進城打劫殺人，偷襲
為盜。清代的地方志《貴州通志》、繪本《全黔苗
圖》、《百苗圖抄》以及《苗族生活圖》都表現峒
人不馴服的特質。

圖 1　《克孟牯羊苗圖》洞人描繪圖

　　征戰過後，王朝留下屯軍，引進大量的漢人移民，擾動西南各族群原來的分布和平衡，引起族群之間劇烈的衝突。這些軍事殖民據點從點、線、面向外擴張，占據水路交通要道。明中葉後，大約十五世紀以來，漢人已經成為雲南和貴州人口最多的族群，清初派兵占領數個生界，漢人移民更是戲劇性的增加。從間接統治到直接統治雲南和貴州的推動過程，明清帝國的擴張引起人群的遷徙、流動、分化和重組，不同族群混居接觸的過程，中國西南某些地方社會以巫術指控區辨人我，以便維持社群界線。

　　面對生產資源和性資源的爭奪戰，巫蠱是一項對付敵人的武器。曹端波主張，侗族訴諸巫術指控排除某一個群體，以便獲得資源的控制和分配。歷史上，侗人遷徙到貴州都柳江和清水江一帶，與先住此地的苗人之間產生衝突和博弈，也與附近的壯族、瑤族、侗族不同之支系之間爭奪土地資源。劉鋒了解到，苗族「不乾淨的人家」

帶來社會的爭奪和不安，仔細探究這些「不乾淨的人家」有以下特質：聰明美貌、肥胖、漢官詭、侗鬼和苗奸，遭到社會指控具破壞力而異於常人，「漢官詭」、「侗鬼」和「苗奸」尤其反映地方社會的歷史矛盾與族群之間的戰爭。

　　本書的論述主要以住在山鄉的地方人群為主要的對象，他們多半是當初不願意被統治的部落社會，想要保有自治而不斷往山區遷徙，跑到崎嶇不平的荒山裡。黔東南山區苗寨與侗寨相鄰，或者侗寨之中有苗人聚落。明清的軍事拓殖之後，漢人形成聚落，也有部分漢人進入苗侗村寨居住。戰亂的年代，時有族群、血緣和家系不同的民眾前往山區避難，更有外族、外地人遷入或嫁入的移動人口使得地方社會出現多元族群的組成。為了維持動盪不安的社會，以妖怪為主題的謠言和傳說在這種歷史經驗中興起。這些妖怪不只是流言蜚語和傳說故事，妖怪被用來代表某一群人，妖怪可以說是地方社會彼此之間傳遞的暗號，一

種區辨身分的標籤。

　　中國西南山區鄉民「認同」形成的過程，出現人和妖怪的區分，認同某種身分、族群或者性別，以便區分出自己與他人的不同，進而確立我是誰？誰是自己人？誰不是自己人？人我區辨的認識來自於個人所處在的生活環境，與周遭環境互動的結果。逃難的歷史、惡劣的環境、窮困的社會經濟條件下，資源有限的競爭和生計的匱乏是中國西南山區少數民族產生認同與區分的主要背景，這些民族對外界的猜疑、敵意和恐懼以及山區資源的有限與競爭成為巫術指控的溫床，他們使用謠言、傳說來建構人群之間的社會界線。

　　山區鄉民以巫術想像的謠言傳說劃出人與人之間的社會界線，巫術指控不僅作為我群與他群的認同和區分，更設下婚姻的擇偶禁忌作為調整人群連結的規則，當地人極力避免與妖怪通婚。中國西南的巫術指控，控制婚姻所衍生的政治、經濟和人力資源，鞏固社會界線。同時，巫術指

控也是一種自我保護的策略，苗侗與漢人雜居，設法以巫術指控維繫動盪中的社會，延續社會文化的發展。下面一章將以侗族變婆的巫術指控為例，詳加論述。

巫術指控與階層婚

　　黔東南苗族社會「無蠱不成寨」，每個村寨都分成有巫蠱和無巫蠱的家戶，即「乾淨」的人家與「不乾淨」的人家，可見巫蠱已經成為形塑社會結構的信仰。對此，劉鋒主張，苗人的世界，性與巫蠱都不能公開言說，巫蠱信仰隱蔽地在人群連結的婚姻制度，劃出可婚與不可婚的社會界線，擇偶禁忌禁止進入的另一邊，引導人們通往可婚的對象，促成婚姻圈的結盟。苗人建構的擇偶禁忌是一個理性的博弈結果：苗族在山區的生產方式為山地遊獵和刀耕火種，需要人群小規模移動，苗寨社會一再經歷分裂、移動與重組，以

獲取生存空間和物質基礎，婚姻制度朝向這種需
要人力的社會組織設計，形成地域性的群體。巫
蠱通過禁忌劃分等親（血親和姻親的社會實力，
與政治經濟地位不同）和婚姻圈的範圍，對性資
源做出制度化的配置。巫蠱信仰作用於婚姻，調
控婚姻和慾望，同時也劃出我群與他者的社會界
線。苗族在談情階段已經區分身分，婚姻圈外的
人非鬼即蠱，不是婚姻對象，如果婚嫁，即屬禁
忌。婚前必定派人秘密調查對方底細，家族承認
的婚姻，才舉行婚禮。不被承認的婚姻，即私奔
到他寨。巫蠱的禁忌和婚姻制度共同建立苗人優
先偏好的社會結構：姑舅表親，姻親之間長期以
女人的交換形成互惠的婚姻圈。

　　山區的部落社會都是幾個家族的後代所形成
的命運共同體，大部分的婚姻是由不同的房族之
間互相通婚，姑舅表親的姻親關係不斷延展，往
往是親上加親。為了應付資源的競爭與外界的侵
害，個人必須與他人結為群體，以克服孤立帶來

之不利和恐懼。另一方面，區分的作用能強化或凝聚社群內部，成為一個有共同身體的群體。這種社群身體的想像，一方面表現在稱呼我群為「人」，非我族類者為「妖怪」；另一方面表現於我群擁有共同的族群、血緣和家族特徵，這種特徵並不指向生物性的種族特徵，更著重是否有清楚的家世來歷。

中國西南的巫術指控對人群的互動產生作用，鬼怪代表他的身分跟一般正常人不同，鬼怪和人的區分特別影響婚姻層面的人群連結，設下誰可以進入婚姻的交換體系、誰又受到排斥的門檻，這些社會規範進而催生新的社會結構——階層婚。侗族用變婆、生鬼區辨己與異己，苗族則以草鬼婆、貓鬼、老虎鬼區分人我，這些巫術指控都將來歷不明的外人排除在婚姻交換體系之外，這說明中國西南巫術指控的模式，人群的連結重視根骨，必須家世清白，家庭出身好、來歷清楚才能接納為婚姻對象。

　　有鬼蠱信仰的中國西南民族用「根骨」的乾淨與不乾淨區分正常人和非人類，試圖維持一種生物性和心理性的社會邊界。涂爾幹 (Émile Durkheim, 1858–1917) 在《宗教生活的基本形式》指出，人類使用「潔淨」與「不潔」的觀念指涉人事物具有特殊的象徵意義，「潔淨」維護社會秩序和精神秩序，對人類的生命和健康有益，「不潔」則代表邪惡的力量，不僅製造社會混亂，還會引起疾病和死亡。美國人類學家瑪麗·道格拉斯 (Mary Douglas, 1921–2007) 討論「不潔」的象徵和文化詮釋更進一步指出，「不潔」在社會分類的範疇顯示放錯位置，比如鞋子放在地下不成問題，放在桌上就變成骯髒不潔。中國西南進行巫術指控的社會，使用隱晦的方式規定人不得與妖怪通婚。正常人是乾淨的家戶，鬼怪代表不乾淨的家戶，正常人跟鬼怪結婚便被歸類到不乾淨的家戶，禁止子女與鬼怪結婚的禁忌表明：人與鬼怪的結合放錯位置。苗族村寨，若跨越婚姻階層，

和不同婚姻圈的對象結婚，便被視為開錯親戚。

中國西南的巫術指控使用妖怪指控人群中的他者，妖怪代表跟自己不同的某一群人，這種巫術指控不僅增強我群內部的凝聚力和自我認同，還可以用來區別我群和他群，妖怪的身分象徵於是造成非我族類受到社會的排擠。這些社會使用「根骨」的概念來代表「血統」，並使用「根骨乾淨」代表正常人，「根骨不乾淨」代表鬼怪，妖怪不潔的象徵表達人們排斥這些家戶的理由。孩子到了適婚年齡，父母特別告誡子女不准跟根骨不乾淨的人結婚。人與鬼怪區別身分的好壞和優劣，各自在婚姻圈裡面通婚的結果，在社會結構上形成上、下有等級之分的上等親和下等親，正常人不跟妖怪通婚的擇偶禁忌更進一步讓通婚的範圍壁壘分明，形成「階層內婚」的社會結構。

中國西南有妖怪信仰的社會，利用巫術控制性與婚姻，在婚姻上分為可婚與不可婚的群體，後續的社會效應是婚姻圈縮小，並且形成有上、

下等級之分的階層內通婚。歐洲的巫術指控引發後續的獵巫行動，非洲和印度殖民地的巫術指控則催生政治暴動，中國西南的巫術指控抹黑他者，則產生不跟妖怪通婚的社會效應。審視誰被指控，以及群體內部劃分身分等級的當地脈絡和文化邏輯，才能明白為何巫術指控在當地產生「嚴禁通婚」的社會效應。

侗族巫術與妖怪研究的進展

過去中國有關巫蠱和鬼蠱的研究，多將巫術視為謠言、傳說，出於對他者的想像或者反映地方傳染病造成的病痛或死亡。近年來，學者才關注鬼蠱信仰涉及社會人群內部的分類和對立。中國民族學者曹端波在這樣的視野下，提出侗族社會的分層不是以經濟地位的高下做區分，而是隱藏在社會內部文化心理，因此鬼蠱之類的隱性分層容易被人忽視。

曹端波接著以博弈理論分析侗族的巫蠱信仰

和階層婚，侗族社會運用巫蠱指控，將人分為根骨乾淨和不乾淨的兩群人，排除陌生的他者，減少私奔的發生。寨內通婚乃是基於侗族的稻作文化，每家每戶財富平均和需要集體合作，侗族實行寨內通婚，將婚姻所締結的親屬網絡控制在社區內部，人際關係和社區得以高度整合。侗族的巫蠱信仰又造成人與人、妖怪與妖怪通婚，婚姻圈更加縮小，且出現上等親、中等親和下等親的分別。

從優勢團體的立場來看，他們操弄文化心理上的乾淨與不潔，塑造文化上的分層，表現為上層親、中層親和下層親，鬼蠱之間的通婚被歸為下層親。曹瑞波就參與者面對利益的競爭進行理性的分析，為了找出對其生存最有利的策略，上層集團致力於透過階層內通婚以建立聯盟，鞏固既得利益者的資源，並維繫社會秩序。的確，黔東南苗族和侗族有關巫蠱、生鬼、獸鬼、貓鬼或釀鬼的巫術指控並非指控個人——某些女人、某

些外地人而已，被指控為鬼蠱的是某一類人、某個家族以及與之通婚的家族，這些家族在婚姻上受到整個社會的排擠，出身好的家庭之間互相通婚，鬼蠱家庭只好與鬼蠱家庭通婚，於是形成具有上下等級之分的階層婚。

　　中國學者羅義雲在從江縣山區某村進行四個月的田野調查後提出，侗族的社會分層有三個標準——經濟貧富、落寨先後和鬼蠱有無，家長以此作為婚姻考量而實行層級內婚。羅義雲主張經濟的貧富和落寨的先後是分層的核心，鬼蠱的有無是虛構的表象，作者以科學理性一笑置之。羅義雲的態度反映改革開放後的中國知識分子在意識型態上秉持無神論，加上現代科學的進步觀，對巫術指控視之為迷信陋習，阻礙文明進步。也有人主張在階級平等的共產主義社會不應該繼續存在這種污名和懲罰，因此呼籲人們摒棄對變婆、生鬼、琵琶鬼的歧視和不當的區分，廢止地方的迷信。羅義雲只對鬼蠱的分類及其表現做一般性

的描述，以「真／假」「科學／迷信」與「對／錯」進行討論，討論停留在客位 (etic) 的立場，並未將鬼怪有關的巫術指控視為社會事實詳加分析。變婆傳說所承載的文化觀念和信仰非但普遍，並且強大到可以動員全體社會成員，強制社會中的每個人都必須遵循「不與變婆通婚」的擇偶禁忌，並衍生出階層婚的社會效應。

此外，中國學者討論鬼蠱問題傾向以靜態的社會結構觀點論述社會分類與階層婚的關連，主張階層婚的出現源於上層集團既得利益者的考量，他們操弄鬼蠱的社會分類，進而形成擇偶禁忌的社會規範以便在資源競爭當中保持優勢，本書不採取這種觀點。筆者受到英國人類學者特納的啟發，動態地從社會衝突的發展過程了解產生妖怪的社會如何使用這些具有文化涵義的暗號進行溝通，採取行動，動員整個社會表演一齣抹黑鄰居的社會劇。道德規範所形塑的社會關係時有緊張，競爭衝突中漸漸改變社會結構，在以上巫

術謠言傳說的人類學研究基礎上，第三章先探討
上演變婆巫術指控的舞臺，詳述侗族變婆傳說為
什麼出現在黔東南的生界及其社會脈絡。第四章
說明變婆所承載的文化概念以及巫術指控後續產
生的社會效應，侗族階層婚的出現、維持與打破
的動態過程。

　　中國西南的巫術指控發展出婚姻的擇偶禁
忌，地方社會抹黑某些人施放蠱毒或是鬼怪，排
擠該社會在危機時刻指認出有問題的人。王明珂、
劉鋒和曹端波等人的研究更指出，這種「人」與
「妖怪」的社會分類傳達出族群關係和人群之間
互動連結的重要訊息。地方社會的人群內部不僅
有所區隔，人的地位還高於妖怪。人和妖怪各自
在婚姻圈嫁娶，不得跨越界線。可見，中國西南
的巫術指控特別用在人群之間劃出社會界線，進
而產生具有身分高低差別的階層婚，這是中國西
南巫術指控的獨特之處。

侗族變婆的巫術指控

縣內苗、仲族謂有變婆之說。言生人死後掩埋土中，或三日或五日或七日，揭棺破土而出，形體依然，顏色不類，心尚知覺，惟啞不言，呼叫有聲，腥穢之氣隨風飄蕩，聞臭欲嘔，毛骨悚然。……倏忽之間，突變一龐然猛獸，奔走跳躍，竄入深林，不復稍有人性矣。……凡是種也，不俱男女，死後均變，以故鄉鄰隱知底細，畏不結婚，恐為子孫累。嬰孩尤忌食乳，稍沾恐即為同化矣。此種離奇怪異之說，惟苗疆獨有之，他處則無，自古未之聞也。又惟苗、仲獨有之，他族亦自古未之聞也。（《從江縣志·雜錄異聞——人類變獸》）

　　侗族人稱變婆為 *sax biinv*，*sax* 在親屬稱謂上指的是祖母，但此處只表示雌性；字面上，*biinv* 侗話是變化的意思， 侗語中並無 *biinv* 相關的詞彙，*sax biinv* 指的是人死後變形的雌性妖怪。*Sax biinv*（變婆）這個詞，容易讓人誤以為變婆專指女性。上面的引文說從江縣苗、侗謠傳的變婆，人死後三天、五天或一周，開棺破土而出，具有人形，尚有知覺。變婆回到村寨可以聽到呼叫聲，發散腥臭的氣味。這則異聞引用民國年間《從江縣志概況》（大約成書於 1945 年）的手稿，作者將變婆描繪成變化無端的妖怪，不管男女，死後均變，都具有危險性。黔東南山區出現變婆的侗族村寨用 *biinv* 稱呼變婆，他們主張，父母雙方只要有一人是 *biinv*，後代都是 *biinv*。可見，《從江縣志概況》採集到的是出現變婆核心地區的地方知識。此外，古籍上的仲族一般指布依族，但上面這段話裡面的仲族指的是侗族，因為從江縣境內沒有布依族，苗、侗、瑤、壯和水族是人口較

多的民族。

　　這章首先介紹侗族和出現變婆的邊村，而後說明出現變婆的社會舞臺，解釋變婆的巫術指控為什麼出現在黔東南的生界。下一章則以特納的「社會展演」理論來看 Sax 雲過世之後，村民一連串的社會行動，探討行動背後變婆所承載的人觀和隱喻原型及其延伸的文化意涵，最後從社會衝突的發展過程來看巫術指控作為分類、修正與補償機制，了解巫術指控這個社會機制如何維繫動盪中的侗族社會。

侗　族

　　侗人為百越其中的一支，《祖公上河》等古歌講述先民原居嶺南，因人口過多，土地有限，養活不了那麼多人，決定沿都柳江溯流而上，另外找尋生存空間。先民來到雲貴高原與湖南、廣西交界處，找尋山間的河谷地開展新生活。侗人聚

居的地區山林茂密，溝壑交錯，因為他們常居住
於溪峒，「峒」也是基層地方組織的名稱，明清官
方文獻稱呼該族為「峒蠻」、「洞蠻」或「峒苗」。
1949 年後，中共延續這個官方稱謂，展開民族識
別，正式將他們定名為「侗族」。日常生活中，侗
族自稱 *Gaeml*，侗話的意思是用樹枝把居住點圍
起來，防止野獸和外人侵擾。百度「侗款」詞條
主張，*gaeml* 來自動詞的含義，多數情況下，
gaeml 當作動詞來使用的，其詞義有「遮蓋」、「隔
離」、「防犯（防止外人侵犯）」、「設圍」、「禁襲」、
「阻攔」、「保護」等含義。國際上遵從當地民族
自稱，英文記為 *Kam*，筆者澳洲的博士論文一律
稱他們為 *Kam*，侗族有自己的語言，沒有文字，
中共建國後推行羅馬拼音化的侗文，本書的侗語
記音以斜體表示，這本中文小書使用中國官方所
訂的族稱「侗族」稱呼該族群，以利中文文獻的
書寫和討論。

目前，侗族聚居區以貴州省錦屏縣為界分為

兩大語區，分別是：北侗和南侗兩大方言區。北
侗漢化較早，包含天柱、錦屏和劍河等縣，明清
兩代，漢人大量移入，清水江流域木材市場蓬勃
發展。南侗保留較多的侗族語言和文化，範圍包
括貴州省黔東南州的榕江縣、從江縣、黎平縣及
廣西省三江和湖南省通道縣（見圖 2）。

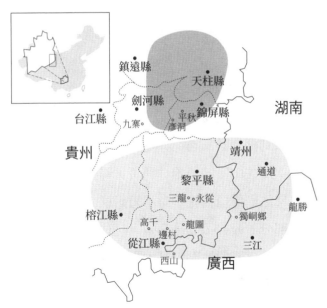

圖 2　侗族聚居區分為北侗方言區和南侗方言區

　　侗族先民在明清抗爭之前，已經經歷長時間、大規模的流離，以致南侗的鬼師不斷地在結婚的場合講述口傳史詩，告訴子孫創世以來祖先從哪裡來：四薩孵蛋生下松恩和松桑，兩人又生下姜良、姜妹，兄妹二人遭遇洪水後決定在一起，生下的後代成為苗、侗、漢、瑤等族群的祖先。流傳於黔貴州榕江縣、從江縣和黎平縣的口傳史詩 *Al ongs bux* （《祖先之歌》）第一部分 *Ongs bux qak nyal*（《祖公上河》）唱出祖先上溯都柳江的歷程，留下他們遷徙的路徑：祖先由原居廣西梧州、潯州等地，為逃難沿潯江、黔江、都柳江逆水而上，來到湘桂黔三省交界處，與苗、瑤雜居。他們漸次遷往山區的原始林開荒，尋找水源灌溉田地，旱地則種植棉花，有了這兩樣，衣食無缺。第二部分 *Ongs bux dogl senl*（《祖先落寨》）則唱出各氏族落腳的地點。基本上，侗族先民以苗嶺餘脈的高地作為天然屏障，隔絕國家統治。

　　宋朝的版圖到達今天湖南省的靖州縣到黔東

北和黔東南的交界地帶，無法實質統治今貴州省
黔東南苗族侗族自治州的山區部落。元朝以後形
勢丕變，元朝滅了大理國，往雲南和貴州拓展，
在今天的黎平縣設福祿永從長官司管理民政，並
建立第一個軍事管理機構：古州八萬軍民總管府，
從此偏居此處的人群就不得安寧。明清兩代相繼
對黔東南地區用兵，明初開闢驛道通往雲南，清
代繼續進軍黔東南的生界，打通貴州對兩廣的貿
易通道，鎮壓過後的軍事治理為實現國家一統和
商業貿易的進展鋪路。

　　部分貴州地區在明清兩代漸漸歸順、漢化，
並且由委派土司的間接統治轉變成王朝派任文官
的直接統治。對於苗疆生界之一的黔東南地區，
明初的統治者透過軍隊掃蕩、安插屯兵和漢人移
民加以控制。當地苗人、侗人飽受戰爭之苦，逃
難到黎平、永從以西到榕江的深山大林，尋找新
的生存空間，避免漢人的侵擾和帝國的軍事治理。
一有大軍壓境，住民便潰散四方，等到承平時期

重新聚合。這個地區在清康熙《皇輿全覽圖》標示為生界（見圖3右邊空白處），清雍正發動大軍鎮壓古州（今黎平到榕江一帶）生界之後，漢人控制水運、行政、軍事中心與集市，也就是說交通幹道、政治軍事和貿易路線掌握在漢人手中。明清的軍事殖民不僅改變黔東南苗、侗和外來移民的空間分布，外來移民也成為黔東南的統治階

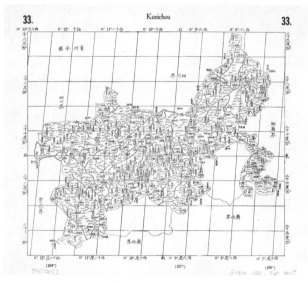

圖3　《皇輿全覽圖》貴州地圖

層。漢人與非漢民族之間展開長期的拉鋸戰，結果政治權力、經濟發展和社會資源不平等的差距越來越大。

代表國家權力的軍隊進入帝國邊緣的黔東南，占領土地，建立軍事屯田。明清密集設立軍事殖民的據點，建碉堡、設衛所，大量漢人移民以軍事保護傘做為後盾，繼續往新占領區的四周擴張，占盡良田，漢人成為貴州壓倒性的多數之後，占盡優勢，欺壓原來住在這裡的族群。

不僅如此，明太祖鎮壓苗侗之後，實施撥軍下田、撥民下寨的政策，屯軍和漢人移民包圍苗、侗寨參與帝國對當地原住民族的監控，明清帝國的漢化措施也不斷衝擊苗人、侗人長久以來的自治和身分認同。面對國家的強勢征服，苗、侗反抗不斷，十八世紀清政府才征服黔東南山區的部民。明清帝國拓殖黔東南的歷史經驗影響族群邊界的變化，使得黔東南山區成為族群衝突最嚴重的地帶。值得注意的是，在這個緊張衝突的過程

中，黔東南山區出現變婆的象徵、傳說、新的社
會規範和新的社會結構，以維繫動盪中的侗人社
會。變婆的巫術指控既反映歷史的經驗，集體的
心理，也是山區侗人的一種社會機制，用以區分
人我，保存社會文化發展空間。

出現變婆的邊村

　　筆者的田野地點——邊村，位居貴州省黔東
南州，黎平縣與從江縣交界處的偏僻山區，是變

圖 4　從江縣山區侗寨邊村

婆出現的地點之一。兩縣交界的半山區（五百到
一千公尺之間），苗、侗比鄰而居，相互指控對方
的寨子有變婆。苗族不喜歡與邊村侗族通婚，以
避免嫁娶到變婆，邊村人也說附近某些苗族和侗
族村寨有變婆。

　　變婆傳說既神秘又具有巫術想像力，至今仍
在南侗不斷地流傳。平地侗族將變婆形容成帶妖
性質的怪物，生前外貌美麗，容易媚惑人。平地
侗族指的是居住平壩地區、公路沿線的侗族人，
相對於高坡的侗族，平地侗族的社會經濟發展速
度較快，與漢人的接觸更為密切。筆者待在從江
縣龍圖大壩的那幾年，聽說過以下幾則變婆傳說。
變婆死後，半人半鬼的狀態仍然具有人的形體、
記憶和感知，坐月期間過世的變婆，死後照舊回
家餵奶。過去，男人出門習慣用一截竹筒套在手
臂上，萬一到野外被變婆抓住的時候，可以鬆出
手來立刻逃脫。兩個龍圖的男人曾經到外地做木
匠工作，遇到變婆之後不敢回家。他們聽說碰到

變婆，不僅自己絕子絕孫，同一房族的堂兄弟也
會絕嗣，他們倆深怕連累家人，從此在外地流浪。
平地侗族表示，變婆出現在森林茂密的深山大林
和偏僻的高坡村寨，大型的平壩村寨通常不會有
變婆。

　　巫術謠言的人類學研究有助於了解變婆巫術
指控出現的社會成因，這一章先從歷史文獻了解
變婆出現的社會條件和人群互動過程所反映的文

圖 5　邊村的山林田野

化觀念、社會行動與象徵意義。指出變婆的巫術指控之社會和心理成因，並根據民族誌材料，運用特納社會展演的理論，說明邊村如何以變婆謠言傳說進行社會動員，展開一連串抹黑鄰居的社會行動，下一章則詳細分析山區侗族使用變婆的象徵符號標示特定人群，並以變婆的巫術指控作為社會機制，避免來歷不明的人進入婚姻交換體系。

變婆出現的社會舞臺

變婆出現在明清國家與地方社會爆發嚴重衝突的黔東南生苗之地（對照圖 2 高千、邊村、三龍和圖 3 貴州黔東南空白的生界）。出現變婆的核心區域分布於深山大林，逃難到高坡的侗族村寨特意對外放送變婆的謠言，避免外人靠近；另一方面藉此保持與外族的距離，避免被統治、被漢化。貴州原本分別屬於雲南、四川和湖廣三省，這三省都將貴州視為偏遠的邊地。中央王朝與土

官之間維持朝貢關係，實際上由當地土官世襲統
治，形成大大小小的王權。此外，貴州不少部落
社會沒有國王、沒有酋長，王朝找不到可以攏絡
的首領，連間接統治都談不上，生界裡的部落可
以說處於自治狀態。明清王朝步步進逼黔東南苗
疆生界，企圖直接統治該地，遂爆發嚴重衝突。
面對明清的軍事殖民和嚴密的監控，黔東南苗、
侗以巫術指控嚴防他者混入婚姻交換體系，與根骨
乾淨者聯姻是一種維持我族發展的自我保護策略。

明清拓殖帶來人口結構的改變

元朝雖被明太祖朱元璋推翻，蒙古帝國仍然
存在，殘餘的舊朝王室北逃，盤據在大明帝國的
北方，史稱北元。北元國祚甚長，與明朝相始終。
元朝冊封的梁王在雲南深有勢力，明太祖惟恐北
元和雲南梁王一起聯手，兩者的力量足以威脅大
明帝國。於是，明太祖開闢一條從湖廣經貴州直
通雲南的驛道 「一線路」， 征伐元朝的殘餘勢

力——雲南梁王，同時阻斷梁王與四川南部和湘西土司的聯繫。洪武十四年（1381年）滅除梁王之後，洪武二十三年（1390年）雲南建立行省。接著，明太祖要求二十萬兵士留守貴州，屯田戍邊。永樂十一年（1413年）貴州因軍事戰略地位重要建省。驛道沿線漢人建立衛所和屯堡，十里一屯，一個又一個軍屯安插於西南民族之間。永樂年間又有三十五萬軍眷和平民移入貴州，給貴州的人口結構帶來巨大改變。

軍隊通過平坦的「一線路」，明太祖命人在烏江的南方繼續修建驛道，驛道從湖南的綏寧分為一幹三線，通往一山比一山高的黔東南。明王朝從湖南沅州、辰州、靖州推進黎平，引起洪武十一年（1378年）到十八年（1385年）五開（今貴州黎平一帶）侗人吳勉率領二十萬人群起抗爭。據《明史》中〈湯和列傳〉，洪武十八年征虜將軍湯和、副將軍周德興率三十萬大軍，會同楚王楨的護衛兵六萬五百人，鎮壓黔東南，在貴州和湖

南交界處爆發戰爭。四萬多人被殺，俘虜七萬多人，五開之戰過後，明太祖直接以有功人員取代黎平附近的幾個土司。明太祖命三萬名軍人留在五開駐守，設立五開衛，建立多達十六所（守禦千戶所）、七十二屯、三百零八個碉堡和八個驛站。明太祖實施「撥軍下田」、「撥民下寨」的政策，漢人聚落如胡家坪、王家莊、楊家寨、廖灣村、張家灣、薛家坪、龍家莊、俞家莊等包圍苗、侗村寨，分布於湖南靖州到貴州黎平沿線的驛道上，以及五開衛和銅鼓衛（今錦屏）周圍。不管是衛所屯堡的軍事殖民據點或是漢人聚落，皆嚴密監控著生界的非漢民族。

明中期以後，漢人已經成為貴州人口最多的族群，軍隊、軍眷和隨之而來的漢人移民占領當地平坦的壩子和容易耕作的良田，殖民的掠奪，擠壓當地人群的生存空間。漢與非漢之間的衝突引爆黔東南山區的苗、侗接連向官府發動多次戰爭，戰爭過後難民往深山大林逃難，社會動盪不

安。原本住在黎平的五腦侗寨住民被驅趕入山，潭溪住民遷徙到三省坡，原居地在黎平潘老的小黃侗寨往西逃難到山區，還有不少侗寨往黎平以西、以南逃難。五開衛建立三百年過後，清順治年間廢軍戶改民戶，軍人變成普通老百姓，隸屬黎平府。清初康熙年間所繪製的《皇輿全覽圖》，貴州省地圖上的黔東南黎平到雷公山、月亮山附近的地區仍是一片空白，圖上標示「生界」，可見這個地區的人群到清初仍然不願意接受帝國的統治。清雍正四年（1726年）以後，貴州大部分地區陸續改土歸流，當貴州大部分地區從土司的間接統治轉變為流官派任的直接統治，本文所討論的地方社會——貴州黔東南州黎平、從江和榕江縣一帶的山區，尚為當時僅存的三個苗疆生界之一。

　　為清剿南明王和吳三桂之亂，清廷大舉掃蕩黔東南，接著，這片生界被雍正視為湘桂黔三省要衝和通往兩廣門戶的貿易通道，也被出兵拿下。對清帝國來說，這塊生界上有清水江、可通湖廣，

下有都柳江、直下兩廣，無論是戰略、交通或經濟位置都極為重要，加上貴州富有水銀和硃砂、山貨和木材，王朝也藉此往貴州擴展鹽業的市場。雍正決定直接統治這塊生界，命雲貴總督鄂爾泰和黎平知府張廣泗打通這塊苗疆生界，古州生界之戰毀村上千，雍正年間在古州等地陸續設立新疆六廳（即貴州東南部新開闢區域的統治機關，包括古州、清江、台拱、丹江、八寨、都江六廳），帶來至少二十萬的漢人移民。

雍正七年（1729 年）、八年（1730 年）、十三年（1735 年）以及乾隆元年（1736 年）陸續對這片地區用兵之後，黔東南山區遭受史無前例的鎮壓。據《清史稿》中〈張廣泗傳〉記載，張廣泗銜命一手主導的古州生界之戰共焚毀一千兩百二十四寨，這些村寨的壯丁全被殺，老幼被俘，大約兩萬五千兩百二十名成為俘虜，這裡面有接近一半的人後來在軍營中被殺害，官府認定屬於賊黨的家屬則被充賞為奴。戰爭期間張廣泗要求三

百八十八寨交出叛黨來贖罪，戰場上斬首一萬七千六百七十多人，截獲銃炮四萬六千五百多門，刀矛弓弩標甲數量超過十四萬八千。中炮、飢餓、跌落崖谷和染病身亡的人數大約十五到十六萬。因這場戰爭直接、間接死亡的人數約有三十多萬，苗、侗村寨十之七八被毀。事後，張廣泗沒收叛賊的田產，發送給士兵，就地設立九個衛所，供軍隊屯田養兵之用，並且運用保甲制度加強對這個地區的治理。

　　貴州省博物館保存兩樣那個時期的文物，一樣是雍正十年（1732年）鐵柱的拓片，另一樣是雍正皇帝的書法，他非常自豪地寫下「向來王化外　今入版圖中」，這兩幅書法就懸掛在鐵柱拓片的兩旁。雲貴總督鄂爾泰鎮壓古州之後，下令苗、侗繳械，他將戰爭期間搜刮來的兵器鎔鑄成一根長3.14公尺，直徑45公分的大型鐵柱，上面刻著記功銘文。鐵柱豎立於省會貴陽南明河上的甲秀樓前，目的是在貴州人文薈萃之地，宣揚雍正

皇帝的功績。清王朝以為將生界苗侗的武器全部集中起來，牢牢地緊箍於此，苗侗便失去抗爭的憑藉；事實上，古州生界的戰爭一直持續到雍正皇帝過世、乾隆皇帝上任才結束，清朝末年還有長達二十一年的抗爭。

面對愈來愈多移民湧入苗疆，開闢山林田土，雍正皇帝曾經頒布「苗疆禁令」，不准漢人進入生界置產，嚴禁無照商販入境，以免不法之徒誘使當地民族作亂。清政府的禁令恰恰說明，常有流民、罪犯竄入這片國法鞭長莫及的偏僻山區。此外，部分漢族地主和奸商騙取苗民土地，官府派公差、徭役，奴隸苗侗，引起當地社會強烈的不滿。明清兩

圖6 雍正書「向來王化外今入版圖中」

代，苗、侗的抗爭從來沒有停過。咸豐五年
（1855 年）肇洞陸大漢和灑洞梁維干組織六洞發
動抗爭。是年，四腳牛義軍加入，進攻永從縣城。
咸豐八年（1858 年）與太平天國軍隊會合，聯合
作戰六年，直到太平天國京城淪陷，清軍入黔才
退回。光緒元年（1875 年）廣西姚容侗人起義，
六洞和四腳牛加入，攻克大部分南侗地區，直到
次年官軍鎮壓，才結束抗爭。

國家介入引起地方社會的重組和分化

　　明清鎮壓黔東南苗疆生界，軍隊和漢人移民
湧入之後，引發苗侗的逃難、重建和土地所有權
的緊張，地方社會產生重組和分化。

　　面對明清兩代的軍事鎮壓，侗人合款抵抗外
敵侵擾。合款的意思是聯合鄰近村寨組成軍事聯
盟，以保衛家園，侗族稱這種地緣組織為 *Kuant*
（漢語翻譯為「款」）。「款」由小而大聯合數寨、
數十寨，最大的範圍包括整個南侗。中國侗族學

者鄧敏文和吳浩針對侗款研究指出，唐末宋初，侗人分布地區出現糾集眾人盟款的歷史記載。楊再思，唐末五代人，楚王馬殷派兵擊殺位於靖州的飛山寨首領潘金盛，楊再思接收飛山餘部。該事蹟保存於〈楊再思「連款」救飛山〉的傳說故事，楊再思後來成為十洞酋長。南宋洪邁的《容齋隨筆·渠陽蠻俗》記載：靖州之地，……各有門款。南宋的朱輔曾在五溪地區當官，他寫的《溪蠻叢笑》是第一部有關當地苗、侗、瑤等族群的專著，書上記載：「當地蠻夷，彼此相結，歃血叫誓，緩急相救，名曰門款。」明朝洪武年間，有二十萬人合款與官軍抗爭，古歌將記憶中最大款的範圍傳頌下來：「頭在古州，尾在柳州」，也就是從貴州榕江串聯到廣西柳州。明清兩代，黔東南山區迭遭軍事鎮壓，南侗地區出現六洞、九洞、十洞、千七、千三、二千九和四腳牛等共同防禦聯盟。

　　一般來說，侗族社會是一個平權社會，歷史

上並沒有出現國王或貴族之類的統治階級。關係
到全寨的事務由年紀大、德高望重的寨老主持討
論，共同決議之後再付諸實行，政治上實施共議
制。寨老以其經驗智慧受人推崇，不是世襲而來，
其政治權力也不會傳給下一代。村規民約由寨老
制定，合款的軍事聯盟由款首號令，款首由各村
代表中選出。各村以結盟的方式聯合周遭的村寨，
擴大集體的力量，對抗外敵。侗族社會從村落到
區域軍事聯盟都力行平等自治，加上侗族家戶之
間經濟發展差別不大；因此，中國的侗族學者普

圖7　邊村附近的苗寨

遍認為侗族是平權的社會，不是階級嚴明的社會。臺灣的侗族學者林淑蓉主張，侗族社會平權與階序兩種共存的特質，須放在侗族與其他民族、外寨和外姓等外來者互動的歷史脈絡來看，尤其不可忽略代表國家力量的軍隊與強勢漢人族群移入的政治經濟因素。例如，土司制度影響之下臘卡／臘更和爺頭／侗崽的階層化就是一例。

中原王朝利用土司統治黎平、錦屏等地，明太祖鎮壓黔東南以後，廢除原來的土司，由軍人

圖 8　邊村小孩過年穿侗裝

擔任。隨著雍正實施改土歸流，土司才慢慢退去
影響力。土司作為帝國的統治工具，集民政與軍
政統治權於一身，土地和人民都歸土司世襲所有。
帝國對土司要求進貢、賦稅、差役，自然這些任
務也分派到各村寨。帝國的統治透過土司制度逐
漸深入黔東南，也將維護封建禮教的等級關係帶
入統治地區，使得侗族社會內部產生臘卡／臘更
與爺頭／侗崽的階級區分，土司行使保護的責任，
而受保護的民眾行使依附的義務──服役、送禮、
看山、出勞力等，地位十分低下。土司制度也帶
來婚姻制度的改變，使等級婚出現在八寨、丹江、
清江和古州等地。經歷戰亂迫遷和社會重組，加
上土司制度影響所及，使得黔東南的侗族社會出
現階層分化的現象。

　　中國侗族學者吳永誼研究土司制度對黔東南
侗族社會的影響，即指出明清時期，黔東南侗人
社會分化為臘卡／臘更和爺頭／侗崽兩個社會階
層，顯示國家力量介入後造成侗族社會階層化。

清朝督導貴州學政的李宗昉出版《黔記》，記載貴州九洞、六洞、千七和千三款存在兩個社會階層——臘卡和臘更，臘卡是早先定居的群體，臘更是後來流落到此的外地人；臘更的身分地位低，尊臘卡為長輩，而且不能與臘卡通婚。在古州（今貴州榕江）社會階層則分化為「爺頭」和「侗崽」兩個等級。臺灣的侗族學者林淑蓉主張，臘卡和爺頭是同一類人，都指先來且勢力較大的村寨，侗崽和臘更是屬於一類，指的是依附於爺頭的侗族或被侗族同化的其他民族。兩個階層有上下之分，依附者不敢與保護者通婚。歷史文獻詳細說明如下：「洞崽苗在古州，先代以同群同類分為二寨，居大寨為爺頭，小寨為侗崽，悉聽爺頭使喚。婚姻各分類，若小寨與大寨結婚，謂之犯上。各大寨知之，則聚黨類盡奪其產或傷命」。土官統治與大寨、小寨有所區隔的婚姻圈形成的階層分化現象，使得黔東南出現區別身分等級的階層婚。

　　這裡用六洞的龍圖與樣洞來說明爺頭與侗崽

的關係，梁姓先到龍圖這片地區開墾，樣洞晚到，龍圖讓出深山大林的一部分給樣洞建寨，樣洞則為龍圖看守山林，打仗擔任前鋒，平時當作傳令兵，龍圖可以派遣樣洞做事。當地有個受到壓迫的抗議言詞，「派我像派『樣』（指樣洞）！」爺頭與侗崽的關係和臘卡與臘更制度對社會分化的影響也出現在村寨內部，以先來後到作為權力支配的準則，外地人和外姓凡事尊重本地人，以本地人為先。

村寨內部以先來／後到、同姓／外姓和本寨／支寨構成的社會階層，握有土地、政治和婚姻優勢的先到者之中，地主、富農說話有分量，具有較高的身分地位。寨老雖然經常更替，繞來繞去，還是那幾個家族影響力較大。人群的區分是一個社會建構的歷史過程，日常生活中侗人將人群區分為 *nyenc bens*（親人）／*nyenc gaos zaiv*（本村人）／*nyenc senl kegt*（外地人），*nyenc* 是人的意思，由近到遠分為自己人、本村人和外地

人。這種區分和遠近關係也出現在聚落空間上，先到的本地人圍繞著鼓樓居住，外姓和外地人只能住在村寨邊緣。

　　林淑蓉認為，平時侗族社會顯現出包容差異的趨同傾向，僅在服飾、髮式、住屋、禮俗和儀式空間的使用做象徵性的展演，以維持地域組織的團結；但，血緣認同造成身分、族群和姓氏的等級區分。侗族是一個強化起源 (origin) 優先性的社會，進入婚姻的交換體系前必先清楚對方的家族起源，並以先來者／後到者以及本地人／外地人等血緣的差異在婚姻上受到強化，形成上、下等級的階序，以致臘更和侗崽被列為不屑通婚的對象，不通婚的機制造成等級較低的外地人、晚到者和支寨的人不能隨意進入優勢團體的婚姻交換體系。林淑蓉指出侗族的通婚機制是以確認家族起源為主要的原則，可惜她的田野地點不在變婆出現的核心區域，並未對變婆無法進入婚姻交換體系提出解釋。

　　山區苗侗雜居，村落共同體重組的過程中，不少外地人遷入，有可能是流民、罪犯、奸商或投機分子。國家與地方社會衝突緊張時，這些外來人士被認為容易為政府所吸收、利用、反叛，奸細一旦通敵，對侗族村寨具有極大的破壞力。例如，中國侗族學者鄧敏文指出，民國初年，黎平縣竹坪村發生三十六人事件，合款的首領揪出通敵者加以懲處，事後整個村被政府的軍隊報復，三十六名款首遭到處決。

　　政府與地方社會爆發劇烈衝突，長時間的苦難和心理創傷，造成山區侗族明顯地容易對外族、外寨和外人產生猜疑、敵意和恐懼，並構成我群與他群區分的心理質素，由此衍生出種種自我保護的策略。對尋求自治的黔東南山區侗族來說，外來的、邊緣的他者被懷疑可能是為朝廷所用的通敵者，為了防範來歷不明的外來者藉著婚配融入我群，侗人的先民衍生出對可疑人物進行巫術指控的防衛機制。變婆在這種情況下，成為區辨

異己的符號，被指控為變婆的人成為緊張的族群關係所影射的對象，反映侗族與外人之間的對立和敵意。

侗人的婚姻模式也在明清時期產生變化，婚姻圈的範圍愈縮愈小，呈現內捲化的傾向。根據湖南少數民族古籍辦公室蒐集到清初「九十九公大合款」，各款區的領袖在雍正年間共同決議，從遠距離的村寨外婚改變為村寨內婚：自此侗人可與村內或臨近村寨的同姓通婚，稱為「破姓開親」。「九十九公大合款」款約施行的範圍涵蓋絕大部分南侗所居住的湘桂黔三省。過去，與異姓通婚需要跨越較遠的距離，「三十天路程找女子，七十天路程找郎婿，帶肉肉變蛆，帶飯飯變餿。」而且，婚嫁過程常遇到妖怪擄人，侗人運用「妖怪吃人」和「蛇怪討老婆」象徵性的手法，表現村寨外婚充滿危險性，後來故事中的男女主角聯手砍了蛇怪。這九十九個款首為了避免這樣的困境和危險再度發生，決定「破姓開親」，將村寨外

婚改為村寨內婚，同姓之間可以結婚，只要遵守同一房族不能通婚的規定即可。對偏好與姑表結婚的侗人來說，婚姻圈在村內、而且與舊親結婚，對象之間表面上同屬一個姓氏（漢姓），但侗族本身擁有婚姻的規定：以內姓進行嚴格區分，也就是說，侗族的內姓才真正構成一個禁婚單位，同一房族的人同屬一個內姓，內姓各有名稱。

　　侗族冠上漢族外姓應是明清以後的政令結果，澳洲人類學家賀大衛（David Holm）認為侗族「破姓開親」的決定破壞了朝廷企圖以冠漢姓使當地民族「文明化」的計畫，同姓可以結婚是侗族反抗朝廷漢化的表現。侗人不僅偏好村寨內婚、姑表婚，還禁止與變婆通婚。對變婆家族的鄙視和排斥形成侗族婚姻的特點——「不忌同姓，獨忌變婆種」，不禁止同姓結婚，唯獨忌諱跟變婆通婚。因應明清的漢化、文明化，侗族合款決定破姓開親，加上變婆產生的社會效應——階層婚，可以看到侗族社會與外來漢人互動的結果，婚姻圈愈

來愈小，愈來愈限於某個群體，婚姻呈現內捲化。

　　由上可知，侗人之所以對外人、漢人高度警戒，是因為明清國家與地方社會爆發嚴重衝突，侗人面對外來統治者的攻打和拓殖，被迫讓出家園土地，人口減少，大量傷亡。發動戰爭失敗，逃難到山區的苗寨、侗寨比鄰而居，村寨內部又有本地人與外來移民雜處，侗人與漢人、外族和外人互動的歷史經驗造成地方人群分化。侗人對於跟自己不同的人以妖怪的標籤向社會內部打暗號，要求眾人對外來者保持警戒，社會心理上與他者畫上界線，侗人甚至用巫術抹黑他人，讓妖怪的標籤帶有污名化的特徵。

邊村的社會結構

　　我長期在山區侗寨「邊村」做田野，邊村是一個位在黔東南州黎平縣和從江縣交界的山區村落。圖 9 是邊村與鄰近村落組成的大小軍事聯盟，

分為小款和千三款。邊村、B村和F村形成一小
款，這些村寨又與黎平縣屬的雙江、四寨、宰高、
歸迷、黃崗，從江縣屬的銀潭、穀洞和幫土等村

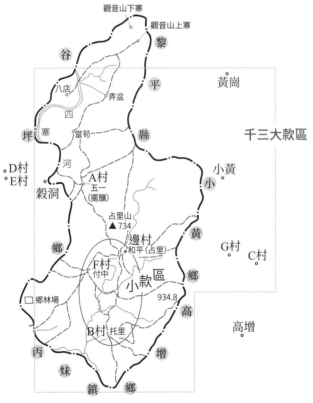

圖9　邊村所屬大小款區圖

寨形成一大款，當初參加合款時的總戶數約一千
三百戶，故將這個款區命名為「千三款」。千三款
區合款時，邊村有五十戶，現在則有一百六十戶，
人口將近八百人。1949 年之後進行的社會經濟調
查指出，1918 年，榖洞曾遭土匪圍攻，同一款區
的邊村也曾遭襲擊，鐵炮一放，款區內的村寨都
派民兵前來解圍，共同擊退盜匪。款區內舉凡過
節、鬥牛、對歌、吃相思（村寨間互訪的聯誼活

圖 10　侗族喜愛看牛打架

動），各村之間交往密切，有關稻作、物資和各地的社會訊息也在款區內互相流通。

　　直到清朝末年，這片山區一直是不願漢化、不願歸附的生苗之地。所以，光緒年間官方仍稱呼這地方人群為「七百生苗」。中國生態人類學者崔海洋根據黃崗出土的碑文指出，「七百生苗」這一地名的使用期上自清雍正「改土歸流」後，下迄清光緒二十一年 （1895 年）。這個地區隸屬於黎平府的潭溪長官司管轄，包括今天黎平縣雙江鄉和從江縣高增鄉、谷坪鄉、丙妹鎮、小翠里瑤族壯族鄉等廣大山區。即便 1949 年後以後，共產黨組織深入基層農村，培植支書、村長等黨幹部執行政策，這些村幹並沒有完全取代寨老，寨老共議的傳統仍然在山區侗寨運作。

　　邊村的社會流動充滿各種可能，社會地位並不是固定不變。除了每個人的出身條件之外，政治現實的改變或個人的努力都可能提高社會地位。中華人民共和國成立之後，部分貧下中農的

村民一躍成為共產黨幹部，邊村的上層階層透過聯姻，整合這些村幹，上層社會得以繼續握有政治權力。這些村幹家庭近來因接近政府官員而獲得旅遊開發的好處，同時，他們的子女也成為邊村婚姻圈炙手可熱的對象。某些優異的村民透過後天的學習取得令人尊敬的行業，而提高自己的社會地位。例如男性、女性都可以成為歌師（教侗歌的師傅）和藥師，很會做侗布的女性被請到別寨教授，男性建造木房的建築師也常被人請去蓋房子。當鬼師的 *Gongs* 吉屬於變婆那邊的人，雖然他聰慧過人，從外祖父那邊學到鬼師的口傳經文和咒語，成為地方上有名的鬼師。然而，他在婚姻上一樣遭遇到排斥。最後，*Gongs* 吉娶了變婆出身的女人。這些秀異的人之外，侗族的傳統知識大部分是由人靈群體所擁有。

　　邊村隨著人口日益增加，分為兩個自然寨：上寨和下寨，青年男女交互進行聯誼活動，上寨的男孩找下寨的女孩唱歌，男女對唱告一段落，

一起吃飯時由下寨的女孩唱敬酒歌；下寨的男孩找上寨的女孩唱歌，由上寨的女孩唱敬酒歌。從圖11可以看到，青年男女在公共集會中心——鼓樓對唱大歌。此外，「薩堂」為南侗地區每個侗族村寨祭祀保護神薩歲的神聖空間，鬥牛賽前，男性民兵在薩堂誓師，再出發。

　　邊村的祖先原本居住在黎平縣雙江鄉的 *Kimp* 村，一說先民生活富裕遭到大寨驅趕，二說先民不願歸順，因而舉村遷徙。最初到邊村發展

圖 11　鼓樓裡男女青年對唱侗族大歌

共有五個房族，井房族是最古老的房族，聚集在
鼓樓後面。*Kuan* 家族這一支也屬於井房族，卻沒
有住在鼓樓的中心地帶，這是因為遷徙過程中，
Kuan 家族這一支沒看到草標，走錯路，到了都柳
江邊臘弄村落腳，過了一段時間找到邊村，回來
認親，搬回邊村時只能落腳在村寨邊緣。圖 12 是
邊村五個房族的分布圖，近年來為建立防火線，
某些房屋拆除後另覓他處，觀光業的發展也帶動
某些家戶遷到沿溪平坦處建房子，以便接近遊客，
五個房族聚居的範圍因此出現變動。

　　邊村五個先到的房族聚居在鼓樓附近，以鼓
樓為中心逐步擴大；後來遷入的外地人只能住在
寨子邊緣，易受盜匪攻擊（見圖 12）。外地移民
二十戶，除了最早來此地的井房族之外，其他四
個房族都接納晚到的外來移民以擬親的方式加
入，外地人遵守房族的禮俗和規定，以便獲得婚
喪喜慶和建造房屋等人力上的幫忙。外姓村民強
調：我們不敢在寨子中心建房子，唯恐踩到本地

人的運，這裡的「運」指的是本地人主宰的優勢。
日常生活中，本地人和外地人的區隔很鮮明地反
映在圖 12 所顯示的居住空間和結婚對象的社會
界線上。每年 2 月 1 日和 8 月 1 日，由大將和五
個先到的房族後代，與鬼師共同在鼓樓邊的大石
桌上舉行祭祖的儀禮，展演本地人的政治主導權。

　　隨著不同時期的移民遷入，邊村人口也不斷
地發生重組變化。明清戰亂時期，零散分布在山
區附近村落之間的小聚落尋求依附保護，遂有

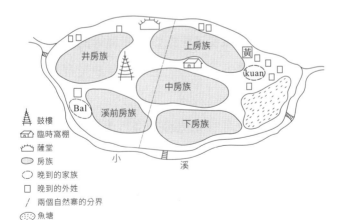

圖 12　邊村五個房族和外姓分布圖

Bai 和黃姓這兩個家族遷入。*Bai* 家族本為苗族，住在介於邊村和 F 村之間的上坡處，擁有田地，遷進邊村之後，加入下房族。黃姓家族祖先居住小黃附近，原本打鐵為生，後來學為鬼師，社會地位曾經上升，有人在 1970 年代當過支書，受到破四舊對傳統信仰的打擊，後代沒有繼續學習儀式咒語，因此家道中落。清末民初，出現因逃避稅賦、飢荒和戰爭而逃難至此的零星散戶，如石、孟、黃、賈、蔣、楊和伍姓等外地人，分別來自 F、G 和 H 等苗寨和 B、小黃以及乜洞等侗寨。這些外姓多從事長工、奴婢或佃農等的工作，長久以來地位低下。例如，孟姓來自 F 苗寨，三代前替人養牛。外地人除了開荒之外，無法取得耕地，直到 1952 年中國共產黨進行土地改革，重新分配土地，田地較遠，僅可勉強維持生計。移民之中也有一戶漢族，彭姓自稱來此地做棺材生意而落戶。數百年來，對外與漢人溝通的官職，如保長由外姓擔任，負責與官方溝通，邊村人並不

看重這些官職。保長學習漢文化，聽命行事，但未必能教化民眾。1949 年後，無論是政府徵兵、大躍進時期參與國家鐵路建設、到外地挖煤礦或學習新法接生成為接生員，邊村往往選派外地人前往。接生員受訓之後，原本肩負國家監控村民生育的任務，但她回到村子，村民仍然認為生育是自家事，並沒有請她幫忙接生，間接削弱國家權力對邊村生育的干預。

　　邊村人很少跟外人提到村子裡有變婆，外地人往往在事先不知情的情況下與變婆通婚；即使有人從鄰近村寨遷入，清楚知道鄰居的底細，迫於現實，只好迎娶變婆出身的女子以傳宗接代。2003 年某外姓 33 歲的長子迎娶變婆出身的女子就是出於不得已的選擇。外姓、外地人在邊村孤立、沒有穩固的社會支持，婚姻處於劣勢，與變婆通婚使得某些外地來的人也落入變婆這個群體，除非他們外娶、外嫁，否則遵行村寨內婚就得受限於變婆的婚姻圈，這使得邊村變婆的戶數

圖 13　婚禮前導的蘆笙隊
　　　　（上）

圖 14　送禮到新娘家(下)

愈來愈多。到目前為止，邊村有二、三十戶變婆，占全村的 30% 到 40%。這說明變婆的巫術指控應該有一個發展過程，從過去極少數的外地人在危機時刻或不幸發生時受到指控，再慢慢擴大到其他外地人和與變婆通婚的人家。*Gongs* 禾是一位著名的侗族儀式專家——鬼師，經常被人請到外村做儀式，熟知整片山區變婆分布的情形及各村目前變婆戶數的比例：「A 村和 B 村 80% 是變婆，C 村 70%，D、E 村已經都是變婆。目前變婆在邊村有 30%，我們很怕村子裡變婆的戶數愈來愈多，我們沒有任何辦法可以防止，只能勸阻子女不要與變婆嫁娶。」（詳見圖 9）

　　在此必須先澄清一點：外族、來自外寨的移民或外姓不一定是變婆。鬼師舉出村內幾個從外地遷入的變婆家族，甲家由 G 村遷入；乙和丙家祖先為 C 村。嫁娶時，家長都會將對方的底細打聽清楚，有些外族、外姓是乾淨的，有些別的寨子來的侗族，卻是變婆出身。例如，村子裡有一

戶苗族人，來到邊村當長工替人養牛已經三代人，女性祖先的年紀都大於男性祖先，且過 30 歲才生育，顯示該戶娶的是村子裡的「大齡剩女」；然而，這家的女兒幾度被安排嫁入社會地位高、條件次等（身材矮小或婚後十年膝下無子）的人家，原因是邊村人清楚這戶苗族人家的來歷是乾淨的。

邊村依據家產多寡分為三類人：有錢有勢的人（*nyenc mags*，*mags* 是大的意思）、中間的人（*nyenc donx dav*，*donx dav* 指中間）和窮人（*nyenc hut*，*hut* 是一無所有的意思）。中共建國後，標示階級成分，侗族將這三類人類比為按土地持有分類的地主和富農、中農和貧農。目前，地主和富農大約四十戶，中農約八十戶，貧農則有四十戶。*Nyenc mags* 指的是有錢有勢的本地人，地主和富農握有眾多土地，從經濟權力衍生出政治、宗教、婚姻和生育的優勢。侗族的領導階層不是皇室、國王這種權威、政治象徵，他們所具有的優勢來自於保有完整的侗族來歷、先到

開墾、擁有較多土地和傳統知識。

　　邊村的婚姻多半由長輩安排，家長會考慮對象的社會經濟地位，但並不嚴格。通常有錢有勢的人互相通婚，以便保持社會優勢，但也接受不同社會經濟地位、條件好的女性上嫁。出身有錢有勢的家庭，條件較差的女性嫁入中農或外姓也不少。其次，邊村人指控鄰村和鄰居為變婆，嚴格禁止子女與變婆通婚，而鄰近村寨亦不敢與出現變婆的邊村通婚。B村、F村與邊村男女青年很少舉行聯誼活動，唯有過節時互邀聚餐。就年長的報導人記憶所及，邊村娶F村的苗族女子僅三例，發生在破除階級的年代，文革時公社挑選年輕人進宣傳隊，兩村年輕人曾一起集體勞動，挖田後一起睡在田裡因而相戀結婚。由此可見，為了保衛家園，侗族社會的結盟可以與外地人和外姓組成村落共同體，甚至和鄰村組成軍事聯盟，從血緣組織擴大為跨域的地緣組織，由個別村落擴大到小、大款區；但在婚姻上，侗族強調家族

來歷的血緣原則，不輕易讓後來的移民、外地人、外姓進入本地人的婚姻交換體系。1953 年邊村曾是某鄉政府所在，直到 1987 年撤鄉，這三十四年間，邊村沒有出現與鄉政府任職的未婚漢人聯姻的例子，連女性嫁往平地侗族都很少見。變婆的巫術指控使得山區侗族社會婚姻圈更加窄化，從村寨內婚、交表聯姻，進一步避免與變婆結婚，而在舊親的婚姻圈裡面通婚。

2002 年到 2003 年，筆者在邊村進行博士論文的田野調查。鄉政府和村幹深怕我長駐邊村，破壞該村的生育神話，從我進村的第一天起就將我污名化為危險人物，以此要求村民守住生育的秘密。田野初期，村民以為我在調查他們計畫生育的表現，對於家庭成員和生育的話題多以消極的態度敷衍了事。*Sax* 英是某村幹的配偶，住在村子三個月後，有一天我到他們家借用廣播器材，向全村表白我以他們的福祉為最重要的考量，絕不會做出有損朋友的事。廣播後，她對我說：「你

住在寨子久了，會講侗話囉！我們卻還不懂你的
漢話。」我問說：「你不會講我的話，你懂得我的
心嗎？」她答說：「不知道喔！那森林有多黑，潭
水有多深，我們都不知道，何況人心比森林和潭
水更深啊！」我反問她：「既然你不知道我的心，
我住這裡，你們一定很不舒服囉？」她裝做聽不
懂的樣子，顧左右而言他，說她不知道有什麼不
舒服的地方。面對邊村這種對外人的猜疑，筆者
在鼓樓公開說明研究計畫，寨老看過我的臺灣護
照，鄭重聲明我的研究與中國政府無關，亦勤學
侗語，實地拜訪邊村的祖居地，拍照片回來跟村
民分享，將研究目的調整為學習侗族語言、歷史
和文化，參與生產和社交活動，勤走底層協助村
民，努力化解村民的猜忌。筆者意識到生育是個
敏感的話題，無法直接請教，改以迂迴的方式向
旁人和儀式專家請教，在社交場合觀察社會互動，
逐步建立家戶系譜。

　　2002 年夏天，碰巧遇到一位老人家過世，我

和家人與村民共同經歷變婆可能出現的恐怖體驗。筆者一邊參與觀察村民有關變婆的敘事和社會行動，一邊從鬼師、學生以及信任我的朋友那邊獲知邊村對變婆的看法，願意跟我談論變婆的朋友還包括鄰村的苗族人。這次共同的經歷建立筆者與村民的情感連結，並以他們的情感反應和社會行動作為切入點進行訪談。本文的民族誌材料來自於2002到2003年一年的田野調查以及日後的回訪。邊村的田野可貴之處在於，一般人與變婆的社會互動仍可以從村民親歷性的經驗和社會行動的展演，了解山區侗族人如何運用變婆的巫術指控，對婚姻產生實際的社會效應。特納的社會展演理論啟發筆者蒐集大量的社會互動資料，尤其是不同群體之間在日常生活、人群連結以及族群之間的互動，從中分析邊村人運用什麼文化觀念進行變婆的巫術指控，這齣戲要跟觀眾溝通什麼訊息，又催化了什麼社會行動。

一齣抹黑鄰居的社會展演

　　2002 年 7 月一個炎炎夏日，一位七十多歲的老婦人在田間工作，遇到大雷雨，無處躲雨，最後失溫過世。邊村打算發展旅遊，因而我義務教幾個年輕人英文，方便他們日後跟外國人互動。這天下課後，一個年紀較大的男學生遞給我一張紙條，警告我「我們村有些人跟一般人不一樣，這種人過世時，晚上最好不要出門」。我問其他男學生這是怎麼一回事，他們相視而笑，沒有一個人作聲。當下我直覺反應，這事與變婆有關。我們到邊村做田野之前，聽別人說過這兒有變婆，長輩也提醒我們晚上不要外出，以免遇到變婆。下課後，我們拜訪鬼師 *Gongs* 禾和我的學生家，確認這位剛過世的老婦人 *Sax* 雲是變婆，並弄清

楚村子裡哪些家戶是變婆。鬼師說變婆怕鐵器，當天晚上，我們按照鬼師的吩咐將一把鏟子抵住大門口，不僅如此，我想到臺灣的法師用鹽米驅鬼，到房間各處灑鹽米，加強戒備。半夜我們聽到砰砰砰的敲門聲，隔天下樓一看，門上留有一個白色的掌印，這些恐怖經驗讓我前夫很想收拾行李下山去。我判斷這是瞭解變婆最好的時機，說服他繼續留下來。這張紙條和之後我們與村民一同經歷的恐怖經驗顯示，變婆不是單純的民間傳說，對邊村村民來說，變婆是一個社會事實，而且是一個實際存在的社會分類。

Sax 雲過世讓整個村子神經緊繃，展開一連串的社會行動。第二天晚上入夜後，我們私下拜訪文的家人。Neix 文悄聲地告訴我 Sax 雲過世後整個村寨的反應，一邊講一邊擔心別人罵她把這裡的秘密洩漏給外人。Neix 文說：

> Biinv（侗語的變，指變婆）死後變出來需

要三天的時間。從棺材底部冒出一股煙來，這一股煙變成一隻貓，貓吐出東西，貓吃了吐出來的泡泡之後就成了 *biinv*。……有人過世，親戚都來亡者家裡守夜。*Sax* 雲過世第一天、第二天晚上有人守，屋裡聚集很多前來弔唁的親戚，村人還不怎麼害怕。第三天、第四天晚上最危險。如果第三天、第四天夜裡沒有聽到 *biinv* 在寨上吼叫的聲音，那就沒事了。

Sax 雲出殯前，大家紛紛推測，亡者的親友一定會在這兩天以滾燙的煤油處理掉 *biinv* 的靈。她死後第三天出殯，村裡的人開始感到恐怖，入夜後的村子安靜得出奇。每家每戶都緊閉門戶，小心地傾聽有無狗叫或豬叫聲，村子裡完全聽不到任何歌聲或樂器聲，年輕人更不敢出門找朋友。大家都害怕亡者的家人沒有殺掉 *biinv*，死後再變回來害人。以往男男女女勞動回來，夜晚顯得特

別活潑熱鬧，年輕人到歌堂（年輕女性等候男性前來談情說愛的場所）談情說愛，時間愈晚，聊得愈起勁，*Sax* 雲死後的第三天正是傳說中 *biinv* 死後開始變化，巫術力量形成的時候，具有加害於人的能力，眾人害怕到極點，全寨沒有一個人敢出門。

第四天晚上我們再拜訪文家。*Bux* 文分析亡者的親友處理或不處理 *biinv*，主要衡量兩種狀況：

> 一般多會處理掉 *biinv*，但也會留幾個不殺。如果 *biinv* 的家庭窮，他們就會將 *biinv* 放出來害人，讓自己的家族旺起來。這家人確實很窮，有些人就怕 *biinv* 會出現。前年，*Gongs* 雲去世後幾天正好是村寨的大節日，各地來邊村做客的人很多，這家人不敢放 *biinv* 出來，怕驚嚇到客人，村子的人會排斥這家人，他們的後代便很難找到婚姻對象，所以必須處理掉他。

> *Biinv* 死後變回來之後走親戚，特別會去女
> 兒、女婿家，自己家有祖宗擋住，進不來。
> 如果亡者的親人不殺變婆靈或沒有機會處
> 理，出殯後，怕變婆出來害人，該家族沒
> 臉見人，通常派女婿去墳山進寨子的那條
> 路上守著，殺掉 *biinv*，避免變婆進寨。

　　從 *biinv* 死亡到變化成害人的妖怪這三、四
天，邊村人議論紛紛，所有變婆的謠言、傳說不
斷地發酵。*Biinv* 變回來攻擊人，奪取受害者的生
命，這家人的家運會變好。但是，這段時間村子
裡發生任何不幸或有人受害，亡者這家人便被懷
疑是他們將 *biinv* 放出來害人。龐大的社會壓力，
使得變婆的子孫後代難以找到結婚對象。*Bux* 文
說：「某個很鐵齒的男人不相信有 *biinv*，不聽家
人勸告，硬是娶了 *biinv*，做了 *biinv* 家的女婿，
等到岳母死後派女婿去守寨門，他看到死後的岳
母變回來，這時女婿嚇得大哭，這個男人才真的

害怕起來。」與 *biinv* 通婚的男性，在岳父母死後
必須親自與 *biinv* 搏鬥，這種帶有警告性的謠言傳
說製造真實的情境，對年輕人起了嚇阻作用。

　　Sax 雲出殯後，眾人猜疑不定之際，村子裡
每個人的眼睛都在暗中注意兩個女婿的行動。
Neix 文告訴我，女婿沒去守寨外，沒有行動就是
已經處理好了。接近亡者的家有個歌堂，文的表
妹和一群 12 歲的姑娘夜晚集結在那裡互相作伴。
第四天，*Sax* 文想趁天黑前趕快去挑水，就怕遇
到 *biinv*，文的表妹告訴外婆，不用害怕，他們已
經處理 *biinv* 了。四通八達的訊息網絡迅速地傳話
給周邊的親友，消息傳開後，這晚男人紛紛到鼓
樓聊天，年輕人也一如往常相聚歌堂，歌聲、音
樂聲不絕於耳。

　　這段期間，整個村子都參與變婆謠言、傳說
的集體創作，以往不知道變婆的人在這個時候全
都知道了。平日耳聞變婆的種種傳說，加上共享
的文化觀念和親歷的情感經驗，眾人參與這場充

滿巫術想像的社會劇更加相信變婆的存在。同時，變婆的巫術指控也在這種認知心理下發揮傳播的力量，謠言、傳說變成動員的工具。對出現變婆的邊村來說，變婆的巫術指控是特定時空下，全體成員共同參與的集體創作，他們會採取行動，展開一連串抹黑鄰居的社會行動。

社會衝突的行動展演

　　蘇格蘭人類學家特納研究非洲尚比亞的恩丹布族，他以社會展演的理論闡釋恩丹布族的社會衝突和調和以及衝突與危機調解所具有的象徵意義。該族是母系社會，從父居，母系氏族居住分散，村寨之間很難形成政治體，男方常常和母舅爭做首領而引起衝突，巫術指控催化了群體的分裂。村子內部和村寨之間關於土地和權力的爭端不斷，這些衝突曝露氏族組織的弱點，引起社群分裂。受英國殖民統治以後，競爭模式變成生產

和經濟收入的競爭，村子更容易分裂，男人遠離親屬，自建農場，搬出去獨立居住，不讓親屬與他們相爭收入。恩丹布族內部因為土地和權力發生衝突，其後整合到尚比亞、第三世界、現代非洲國家和全球體系，一再經歷衝突危機。

對特納來說，社會是衝突交替發生的互動過程，隨著人與人的互動、交易、互惠，產生有秩序的行為結果，形成常規，轉變成習俗。不僅如此，發生社會衝突時，他把整個社會的行動看做一種戲劇演出，觀察社會行動中，人們扮演的角色和維護角色地位的語言，角色與角色之間的溝通，運用什麼象徵符號進行溝通，透過行動想要達成什麼樣的個人目標和團體的目標。

以社會展演的視角看社會衝突的解決以及社會的行動，讓我們了解巫術指控在社會衝突的發展過程中扮演的角色及其象徵意義。社會展演具有政治行動和社會轉型的催化作用，於是，特納用長時間的社會過程，觀察人與人的交往互動及

其互動的結果，從中找出隱蔽的意義，同時從隱喻的層面，了解該社會的觀念、意象、情感、價值體系與思維傾向。

　　藉由社會行動的過程分析，特納揭示緊張衝突下，社會如何訴諸分類機制、修正機制和補償機制，最終以重新整合的機制重建經歷危機和秩序崩潰的社會。人的一生經歷的成年禮、婚禮和喪禮，法國人類學家阿諾德·范·杰內普 (Arnold van Gennep, 1873–1957) 研究這些儀式活動所反映的觀念，主張這類生命儀禮通過分離、過渡與重新整合三階段完成身分轉換，因而將他們命名為「通過儀式」。比如成年禮由未成年過渡到成年，經過與家人的分離、接受挑戰的過渡時期，通過考驗之後重新整合為社會中的成年人等階段。特納認為杰內普針對儀式提出「過渡轉型」的概念特別能解釋正在經歷危機和秩序崩潰的社會，於是將通過儀式的三階段加以擴大，他提出社會衝突過程中，社會由裂痕、危機、修正和整

合等四個階段展開行動。下面從社會展演來看變婆的巫術指控，以便了解社會衝突過程中，邊村演出這齣抹黑鄰居的社會劇真正的用意以及不准跟變婆結婚所推動的社會發展。

分類機制

巫術指控有兩個最重要的作用，第一是將己與異己的區分作為社會界線，撕裂社會內部的群體；第二是引發後續的社會行動或政治行動，具有實質的社會效應。例如，揪出下毒者或加害者，予以審判、驅逐，或產生一個結合暴力與指控的政治抗爭。歐洲的巫術指控後續引發的獵巫行動，非洲和印度殖民地的巫術指控則催生政治暴動，中國西南的巫術指控抹黑他者，則產生不跟妖怪通婚的社會效應。從侗族的例子來看，變婆的巫術指控是以禁止被指控者進入婚姻的交換體系，回應社會的緊張衝突。下文根據變婆的敘事，說明山區侗族社會將變婆形塑成什麼樣的象徵符

號，該象徵又如何成為社會內部的分類機制。

隱喻的原型

　　變婆傳說可能脫自野人的原型，侗族人將 *sax bah*（野人）和 *sax meel*（人熊）與 *sax biinv* 歸為一類，想像中的妖怪世界是由野人、熊、猿猴和人死後變形的妖怪所組成，野人的造型也出現在每逢雙年舉行的表演節目：玩變婆（見下文）。澳洲人類學家賀大衛考察一系列壯族、布依族的野人傳說故事，推測野人傳說很可能是這些泰語系的民族再現他們遇到原始人的遭遇。媒體報導指稱，從江縣西部的月亮山以及黔東南、黔南和廣西北部的喀斯特地形裡的山洞居住雪人或野人，至今仍有人遇到野人和雌性野人性侵老漢暴斃的傳言。這些原始人類生活於深山、野外，屢有攻擊人的事件，侗族可能結合遇到野人的經驗、記憶和情感發展出變婆相關的隱喻，作為一般人和非我族類的區分。

變婆是由「根骨」這個根隱喻延伸出來的概念。特納提出根隱喻，指的是最重要、最根本的隱喻，即隱喻的原型，塑造一個社會認識世界的看法，理解社會現實的解釋。出身乾淨的血統是侗族人群結合時考慮的根本原則，他們使用「根骨」這個根隱喻來代表血緣的認同，根骨乾淨才能透過婚姻結合為一家人。從形象化的野人、恐怖的變婆傳說到抽象的根骨概念，發展出侗族對人的分類模式。侗族人使用變婆指稱「不是人」的根骨，並用「根骨」的乾淨代表正常人的血統。變婆的巫術指控可以幫助我們理解侗族人對根骨概念的思考，受到巫術指控的人往往被人指控有著跟人不一樣的「血」或「骨」，或者不是從子宮生出來的，因而無法成為社會共同體的一部分。

有關變婆的巫術想像是從變婆過世，特別是死後變化開始，所有駭人聽聞的敘事由棺材、骨頭、屍體和屍僵等主題鋪陳開來。上文 *Neix* 文陳述 *biinv* 死後變化的過程，由一股煙變成一隻貓，

從貓的「唾液」取得力量變成 *biinv*。其次，人類和野獸身體解剖上的區分，成了眾人辨識變婆的方法。傳說變婆的前臂只有一根骨頭，正常人則有兩根骨頭，尺骨和橈骨，變婆的前臂只有一根骨頭。*Bux* 文說：「愛開玩笑的男性，在歌堂談情說愛，故意接近變婆種的女孩，摸摸她的手，想要試試她到底是不是 *biinv*」。為亡者誦經引路前往祖靈所在的鬼師，有機會確認亡者的家屬是否已經處理 *biinv*。鬼師 *Gongs* 禾指出：「變婆死後的身體仍然是軟的，須以滾燙的煤油殺死 *biinv*，將煤油倒進死者的嘴巴，這時會有蛾飛出，死者的筋才會變緊變硬。」清代乾隆年間編撰的《柳州府志》談及變婆剛死的身體變化，上身沒有呼吸，氣息保留在下身，一兩日之後復活，破棺返家。

> 查其變有二，有活變，有死變。死變者，
> 其人已死，上氣已絕，其氣全醞在下，及
> 備棺埋葬後，或一日二日，自開棺而出，

依然回家，但不能人言，兒女罵，不與之食，遂去，不知所終。

　　一般人死後出現屍僵的現象，但變婆死後屍體並沒有僵硬，異於常人的溫軟，繼續變化成妖怪，對侗族人來說極具威脅性。以上敘事強調 *biinv* 形體變化無常、生理解剖與一般人的差異和死後沒有出現屍僵，都在演示變婆不是正常人。

　　明清時期的軍事鎮壓引起黔東南人群的重組和分化，為考量社會和自身家族的發展，侗族的先民使用「變婆」作為形象化的隱喻，強化家系來歷的重要性。侗族人將一個人的出身分類為根骨乾淨和不乾淨兩個範疇，並建構一個象徵體系，對人具有傷害性形塑變婆屬於根骨不乾淨的象徵要素。變婆在謠言、傳說裡被形塑為人死後變成的妖怪，具有傷害人的巫術力量。侗族人將變婆視為異類，抹黑別人是變婆，主要強調變婆不是人的來歷，藉此加深人們對變婆的嫌隙和敵意。

該社會規定不得與變婆通婚，如果發生違反社會
規範、與變婆通婚，將導致家族集體蒙受損失，
這筆帳算在變婆頭上，父系家族的損失被認為是
變婆造成的傷害。變婆的巫術性力量尤其指向對
男性和後嗣構成極大的威脅，因此，變婆不僅是
一個區辨異己的符號，面對變婆的污染能力，種
種防制措施的日常實踐更可以清楚地看到侗族人
對這個巫術指控充滿父系家族對子女與變婆發生
性關係、生育和通婚的焦慮。

　　各種威脅人的巫術之中，有的人吞嚥唾液，
即可行使巫術，致人於死地。變婆的傳說也指控
變婆的「體液」可以產生巫術的殺傷力，這些體
液包括：貓的「唾液」、「乳汁」和性交的體液等
具有傳染力，可以將人轉變成變婆。*Bux* 文曾經
告訴我：「有一個寨子叫 *Yangzei*，以前只有一家
是 *biinv*。村民用鳥槍趕他走，*biinv* 找機會殺豬給
全寨吃當作賠禮求饒，卻趁機將奶灑到酒裡，結
果全寨都成了 *biinv*。」儘管這個傳言十分誇張，

邊村的人在日常實踐上確實盡量不吃 *biinv* 家庭的食物。侗族男人在社交場合必定飲酒,而 *biinv* 的乳汁滴進酒裡可以污染整桌酒食,毒害社交場合所有的男性;此外,儘管哺乳期間的侗族婦女常常互相幫忙哺育嬰兒,邊村人極力避免讓變婆的女人餵奶,深怕乳汁污染正在成長的下一代,改變體質,變成變婆。*Biinv* 代代相傳,這種說法指控 *biinv* 透過性交和生育,將不可控制的神秘力量傳遞給下一代。

隱喻的延伸

前面介紹邊村的婚姻已提到,選擇對象、考慮結婚時,社會地位和經濟條件不是最重要的因素,侗族締結婚姻格外講究的是 *lags tingh*(*lags* 直譯為骨頭,這裡是根骨的意思,*tingh* 是親家,*lags tingh* 翻譯為「親家的根骨」),意指侗族人講親時,看重對方的家底和來歷,看看結親的那家人最近三代有沒有人凶死、夭折或屬於鬼種和變

婆。同村的人彼此都知道各家的底細，即便是外地來的移民，村民也會想盡辦法到他的原居地問清楚他家的來歷，一定要確認根骨乾淨才敢婚嫁。邊村將人分為兩類，一類是 *nyenc lail*（*lail* 是好的、乾淨的意思，*nyenc lail* 指根骨乾淨的人），代表有明白的家系可以追溯的人；另一類是 *biinv*，指的是根骨不乾淨的變婆，代表來歷不明的妖怪。鬼師 *Gongs* 禾向筆者澄清說，每個人從父母雙方繼承根骨，「根骨就像種子，承自父母，父母雙方都可以將變婆種傳給下一代，只要有一方是變婆，下一代都是變婆。*Biinv* 其實沒有女人地位低下的意思，而是要突出 *biinv* 的根骨低下，在婚姻上次級的地位很難改變。」侗語專家石願兵分析說，某些人被貼上 *biinv* 的標籤，標示他們有另外的來歷（*ags dens*，*ags* 指自個兒，*dens* 意思是根源或起源）。姻親的根骨有高 (*pangp*) 低 (*taemk*) 之分，*nyenc lail* 中有錢有勢的家庭屬於 *lags tingh pangp*（根骨高貴），具有婚姻的優勢，

優先挑選條件好、家庭出身好的舊親當媳婦；相反地，*biinv* 的家庭屬於 *lags tingh taemk*（根骨低賤），他們在社會上受歧視、婚姻上也處於劣勢。*Biinv* 的社會階級即便是地主，照樣被排斥，鬼師 *Gongs* 禾這麼說：

> 婚姻是一輩子的大事，我們需要考慮親家的家庭背景。那些有錢有勢的家庭就是 *lags tingh pangp*，貧窮的家庭就是 *lags tingh taemk*。我們喜歡和根骨高貴的人結親，也要確認這些人的祖先沒有凶死的情形。根骨低賤的人出身不乾淨的靈，或祖先有不正常的死亡，惡靈會不時騷擾該家族的成員或牲畜，這讓該家族變成根骨低賤，這類家庭在地方上和鄰近村寨都不喜歡跟他們做親家。

Biinv 的妖怪來歷與一般人來源不同，侗族人

在血緣上無法認同這類人，因而變婆被歸類為不乾淨、根骨低賤的社會範疇，成為婚姻上的禁婚對象。這個分類機制撕裂社會內部的群體，在血緣不同、根骨不潔和死後變化為妖怪等非我族類的認定標準下，侗族社會形成兩個不同等級的身分和階層。當地社會（包括邊村和鄰近的苗寨 F 村）認為變婆是 *nyuenc yax*，侗語以 *yax* 形容瘋癲、做出不理智、不得體或不合常理的行為舉止，此處是指有問題的人、不乾淨的人和低等人。深怕奸細威脅的 *Nyenc lail*（人靈）抹黑 *biinv*（變婆），整個社會固守乾淨／不乾淨、好的／有問題與人／妖怪之間的區分，人靈之間婚姻上互相結盟，共同排擠變婆。

　　遇到變婆的人會生重病、不治死亡或絕嗣，這些後果表明變婆對父系家族具有嚴重的威脅。村民遇到變婆的地點多發生在野外，但也有變婆闖進村子的例子。邊村有五個人向我提及他們或他們的祖先遇見變婆的經驗，敘說者出身 *biinv*

者，以遇見 *biinv* 解釋目前病重以致於無法工作的原因。這些人之中，有人見到 *biinv* 的屍塊、有人見到 *biinv* 身體的一部分或碰到外寨的 *biinv*；結果有人病重，有人得了類風濕關節炎，有的回來以後配偶生重病。*Bux* 文還告訴我，*Gongs* 瑩農忙時曾在靠近 A 村田地上的農舍睡覺，在那裡見到外村的 *biinv*，病了三年，因為他本身就是變婆的家族，遇到變婆沒有產生絕後的問題。*Neix* 文出身人靈，他們將家族即將絕嗣的危機歸咎於變婆的加害。

> 之前文的外公家家有四間屋子，共一個走廊。就是因為 *Dal* 宏（文的外公的兄弟，過世時大約是分田到戶之前）喝醉了酒，在榕樹井邊見到了 *biinv*，跟 *biinv* 扭打起來，他們這個家族才會相繼 *gaemv wenc*（沒有後代的意思）。

　　文的外公家曾有四兄弟，人丁興旺。因為
Dal 宏在 1970 年代遇到變婆而面臨絕嗣。悲傷的
家屬不僅需要一個社會現實的解釋，更需要一個
對外的說法，以免家族受人議論，後代的婚嫁遇
到困難。

　　一個 F 寨的苗族人在渡口跟我談起他遇到
變婆的經驗：

> 　　一天清早，我上坡割草，當時下大雨，我
> 聽到 *biinv* 叫了兩次，我趕緊跑過水溝去。
> 這時，又聽到 *biinv* 的聲音在腳邊響起，我
> 丟了鋤頭，直接跑回家。祖先保佑，我沒
> 看見他。聽見不要緊，看只是看見母豬等
> 其他東西也不要緊，但祖先保護我們，頂
> 多保護三個小時。

　　Bux 文說：「絕大部分的人見不到變婆，即使
見到，祖先為保護子孫，會將他們的眼睛蓋住，

或者將變婆變成豬或雞、鴨。」從村民的敘事中，我們看不出變婆有明顯的意圖，要針對哪個對象下手，村民主張會遇到變婆是祖先沒有保佑，才發生不幸。對於變婆的攻擊所引起的重病和絕嗣，侗族儀式專家鬼師對此無能為力，根據侗族的文化邏輯，唯有祖先可以壓制變婆。祖先遮住子孫的眼睛，化去變婆嚇人的相貌，或是將變婆轉變為家禽、家畜，由於家禽家畜豢養在家，並已馴服於人，侗族用這個象徵表現出祖先將變婆對子孫的傷害性降到最低。這番說法意味著唯有祖先才能化解家族危機，保護整個家族的存續。

修正機制

針對充滿危險的過渡時期，家長要求年輕的成員必須遵從社會規範——禁止跟變婆結婚，對於違反社會規範，想跟變婆結婚的青年男女立刻出手，祭出修正機制。結婚牽動個人身分、家族與社會階層等三個層級的變動，不僅個人從未成

年、未婚的身分過渡到有孩子的成年人身分、生育讓家族生命有了延續；而且兩個家族的聯姻一旦成立，馬上決定該家族從人到妖怪的社會階層變動，如果是跟 *biinv* 結婚，馬上落入根骨低賤的階層。

但是，結婚並不一定能確認婚姻關係，侗族婚後常常有人不喜歡父母安排的對象、愛上別人，賠錢之後解除婚約；或因為幾年下來兩人沒有生育而結束婚姻，各自娶嫁。青年男女必須等到生兒育女，婚姻才算成立，並且透過生育取得新的名字，升格為父母，家族的身分轉變，社會地位也因而確立下來。侗族從娶妻進門到生育下一代的這段期間，婚姻的狀態曖昧不明，身分還有發生變動的可能。

身分曖昧不明的時期，最容易出現社會關係的緊張衝突，尤其這段期間侗族社會同時存在兩種婚戀制度——「交表聯姻」（即姑舅表婚）和「行歌坐月」（男女自由在歌堂談情說愛的習俗），

使親子之間潛藏著緊張衝突。交表聯姻是從親戚裡面挑選對象，通常優先選擇的婚姻對象是父親姐妹的女兒，後來擴大為姑表——父親姐妹的兒女或母親兄弟的兒女，用人類學的術語來說是「交表聯姻」。邊村以姑表婚為優勢婚，希望守住村寨內婚的價值感和優越性，侗戲或侗歌常常如此叮嚀大家。「行歌坐月」代表自由戀愛，男性自16歲到歌堂與年輕女性唱歌聊天，談情說愛，婚後繼續在歌堂玩樂，直到36歲，下一代成人為止 1949年之前，這個群體的男性婚前與年輕女性行歌坐月，但多半接受父母所安排的婚姻，婚後繼續在歌堂走訪年輕女性，尋找二老婆，至今男性到歌堂玩樂到36歲，是過去一夫多妻的遺俗。侗族有緩落夫家的習俗，年輕女性從十幾歲跟同年齡的朋友一起作伴，在歌堂唱歌睡覺，婚後不住夫家，仍在歌堂開放性的跟異性唱歌聊天，直到懷孕才確定婚姻關係，長住夫家。

　　由此可見，侗族的婚姻由兩股不同的力量所

掌握,分別是親權和子權。一旦親子之間對擇偶
對象沒有共識,容易引發不和諧的社會衝突。尤
其是年輕人若不按照長輩偏好,而與變婆通婚,
將衝撞社會規範,影響家族地位落入根骨低賤的
階層,引起家庭關係的衝突和階層變動的危機。
因此,這段期間人群的互動和連結暗潮洶湧,家
長的考量和年輕人的意願相互競爭,家長既要規
範子女,子女不服從,又要設法改變子女的決定。

　　遇到衝突時,父母訴諸變婆的巫術指控抹黑
鄰居,鞏固村寨內婚、姑表婚,正當化一般人與
變婆的區分,好讓父系家族擺脫變婆對家族存續
的影響。締結婚姻時,尤其可以看到家長以巫術
指控作為修正的機制,修正子女的行為和擇偶的
對象。若有人膽敢挑戰社會道德規範,修正機制
就跟進。雖然社會規範如此嚴格,實際上人靈這
邊每一代都有兩、三例與變婆通婚,變婆這邊也
積極尋找融入人群的縫隙,設法懷孕讓婚姻成立。
當近親結婚因為姑表婚的習俗而產生遺傳性疾

病，某些家族轉而向 *biinv* 這邊討妻，這些不同社會位置的人所採取的社會行動，造成社會結構的改變。剛開始人靈只跟人靈通婚，變婆只能跟變婆通婚，造成階層婚的形成；某些人顛覆社會規範，與變婆通婚，階層婚與跨越階層的婚姻在社會互動交替進行，推動邊村社會的發展。

下面說明變婆的巫術指控作為階層婚的修正機制如何運作。山區侗族雖不是明顯地以貴族、農民、奴隸區分的階級社會，但很清楚是以根骨的乾淨與不淨作為人群的分類標準，而且用來區分根骨的高低，形成身分上有上、下等級的社會階層。不同民族雜居加上外地人逃難至邊村，年輕人並不知道外地人的家庭背景，有賴家長打聽結親對象的底細，家長對於村裡各家各戶的掌握，有利家長取得為子女擇偶的權力。父母為子女安排婚姻對象時，通常選在年輕人尚未懂事的年紀——14 或 15 歲之前。

人靈群體為確保家族的延續和政治、宗教與

婚姻的優勢地位，千方百計地排除子女與出身不好的變婆通婚。邊村人認為，與舊親通婚是維持社會階層和家庭背景最安全、最有保障的方式，不會因為對方家世背景的曖昧、模稜兩可而付出喪失社會地位和人脈資源的代價，而且社會、人脈和物質資源形成交換的網絡，彼此共用。將婚姻的選擇限縮到村寨內部，並進一步集中到舊親之間的結盟，可見優勢群體訴諸變婆的巫術指控，試圖維護根骨高貴者上等親的優勢地位、確保父系家族生存延續的根本價值，以便充分實行村寨內婚、姑表之間的聯盟和上等親之間的通婚，這個價值透過抹黑鄰居的社會展演獲得動員的力量。

　　侗族指控某人是變婆，是以檯面下的竊竊私語暗地進行，不像印度的種姓制度明顯地給賤民貼上標籤。仔細看看巫術指控私底下在哪些圈子傳遞，可以發現這群人具有親密的社會關係，幾乎都在親屬網絡的成員傳播變婆的謠言和傳說。變婆的巫術指控是在有血緣關係的親屬圈內隱蔽

地流通，為人父母者通常在子女將屆適婚年齡時，用變婆傳說動員子女，警告他們村寨內部某些人為變婆，並嚴禁子女與變婆通婚。抹黑鄰居的巫術指控無疑地提升家長對婚姻和生育的干預權，使得親權在講親階段更占上風，降低子女與變婆結婚的可能性。子女尚未進入新的家族角色、尚未升格為父母、社會地位尚未確立之前，擺在他面前的是有等級差異的身分差別，身分的不平等已經形成階層之別，子女很容易按照社會規範走，服從父母的囑咐而行動。

　　苗侗族學者眼中的階層婚，界線分明，毫無模糊地帶。例如石林與羅康隆研究從北部山區遷到三省坡的草苗，作為外來民族，為了維護血統的純正和民族文化的邊界，實行民族內婚、支系內婚和階層婚。階層婚分為上、中、下三層，不同階層間禁止通婚。上層親極力以根正苗好維護其社會地位，中層親是外來戶，下層親是有鬼的家族，呈現靜態的階層婚。特納重視從社會過程

而非以整齊劃一的階層來理解社會結構，他認為
處於中介過渡的狀態，有人破壞社會規範，逆轉
或解散社會階層，原本上下權力階序之分出現逆
轉，這時，傳統社會結構會不會持續，狀況並不
明朗，一度被大家認為是理所當然的結果都受到
質疑，未來的社會發展具有更開放的可能性。這
是因為社會關係具有不確定和曖昧不明的特點，
人與人之間互動，行動者腦中的思想、觀念與規
範固然會制約行動的發展，行動者卻有可能不按
照這些邏輯行動。可見，社會規範並非牢不可破，
身分和婚姻關係曖昧不明之際，很容易出現多種
可能的發展。

　　實際上，侗族的家長為子女安排的婚姻並不
穩固，年輕人透過婚戀制度──「行歌坐月」公
開在村內的歌堂和村外的聯誼活動「吃相思」自
由地接觸到異性，隨著情感加深和性行為的發生，
婚前懷孕是常有的事。侗族社會容許婚前性行為，
甚至採取鼓勵的態度，因為懷孕可以證明女性擁

有生育能力，父母肯定支持家族延續的大前提下，生育是婚姻成立的要件，因此懷孕也是年輕人與父母談判的籌碼。年輕人握有性和生育的權力，若他們所喜愛的對象與父母有所不同，容易引起親子關係的緊張，並可能鬆動、衝撞家族的婚姻理想，破壞社會規範，使社會階層的維繫出現裂痕。裂痕出現時，家長以變婆的謠言傳說強化根骨乾淨與不乾淨的身分之別，介入子女的婚姻。初時，家長運用變婆巫術指控的力量，動員年輕人遵守社會規範、修正生育的決定、遵從父母偏好的婚姻選擇，避免與變婆通婚之後，跨越社會界線的婚姻對家庭造成衝擊，社會階層陡降為根骨低賤的類別。另一方面，某些年輕人心意已決，不能娶而娶，不能嫁而嫁，擺明要違犯社會禁忌與 biinv 通婚，引爆親子之間劇烈的衝突。這種道德規範不認可、長輩不容許的婚姻，勢必造成家族危機。與 biinv 結婚的家族危機多半發生在人靈有錢有勢的家庭，父母不滿意子女的對象，如

Bux 萌又打又罵，最後以跳樓的方式相逼，強烈
要求自己的女兒萌嫁給同屬於地主階層、根骨乾
淨的男人，為的是繼續維持與舊親之間的結盟，
鞏固家族的社會地位。萌百般無奈，按照父母的
安排嫁給姑表，卻違背自我的情感和意向。邊村
的琵琶歌表達青年男女對父母包辦婚姻的失望、
怨懟和悲傷。

其次，危機發生時祭出最嚴厲的修正機
制──斷絕親子關係，讓年輕人立即喪失親屬的
支持網絡，陷入社會孤立的境地，父母以這種手
段懲處違反社會規範的人。邊村在 2003 年發生一
起公開在鼓樓斷絕父子關係的事件（見下文 *Bux*
燕的例子），不久又有一起斷絕母女關係的事件，
這些事件對年輕人起了嚇阻作用。一個根骨高貴
的女子傾心一位 *biinv* 出身的男子，婚姻遭到女方
家長極力反對，兩人先私奔到 C 村，成親之後再
回本寨。女子的父母已當無這個女兒，完全不跟
她來往，邊村的習俗由母親幫忙女兒坐月，這名

女子只有女性親戚可憐她，幫她坐月。人靈一旦與 *biinv* 通婚，馬上喪失他們原先的社會地位，過去聯姻的人脈和社會資源完全都被拔除。這個修正機制說明，與 *biinv* 通婚，影響的不只是個人，更是整個家族，直接牽動其社會階層的變動，原本屬於人靈的家族立刻被歸類為根骨低賤，根骨高貴者不再與之通婚。

以一個上層階層的家族為例，該家族及其姻親至今保持很高的社會地位，有當鬼師者，有當村長者。百年前，這個家族有位女性年輕時受騙墮胎之後，嫁給中農出身的男人，她的女兒後來嫁入一個鬼師家庭，兒子則在 1949 年後娶了 *biinv*，之後子女都與 *biinv* 通婚，從此其子的後代不曾與尊貴的姑表通婚，社會地位從中農下降為底層。至於一名家境小康的人靈男子堅持娶回懷有身孕、出身 *biinv* 的女子，婚後他們的父親常常借酒裝瘋，指著媳婦罵，家庭關係緊張持續至今。與變婆通婚引起的家族危機關係到其他成員的婚

嫁，不能因為子女中有人與 *biinv* 通婚，而斷送其他子女的婚姻資源。上層階層不輕易放棄其優勢地位，所以，與 *biinv* 通婚的子女必定遭受斷絕親子關係的嚴重懲罰，這是父母為了防止該裂痕繼續擴大，衝擊到其他子女的婚姻，進而影響到家族延續的作法。

其三，侗族婚前生育的決定和婚姻選擇一樣，都是由根骨所形成的人觀（對人的看法）和身分等級的階序所決定，違反社會規範者須強制墮胎。侗族人的婚前性行為雖然相當普遍，懷孕可以讓有些人順利結合，人靈與 *biinv* 的結合有了孩子卻必須墮胎，未婚墮胎的情形多半發生於父母反對子女與根骨低賤的 *biinv* 通婚。*Neix* 文舉出幾個婚姻無法成立的例子。

涵（富農出身，人靈）喜歡一個叫做量的男孩，量是 *biinv*，*Neix* 涵堅持不讓涵嫁過去，涵哭了好幾天，飯都吃不下，直到後

來量另娶他人，涵才死心。玉（地主出身，人靈）愛上輝（出身 *biinv*），即使輝的家庭經濟狀況不錯，也是村幹家庭，玉已有兩三個月的身孕，*Neix* 玉就是不准他們結婚，要她墮胎，之後玉嫁給智能稍差的寅（地主，人靈）。圭（出身 *biinv*）懷上義（富農出身，人靈）的孩子，已經有七個月的身孕，對方不要變婆出身的媳婦，圭才去從江引產，墮胎的費用由不要小孩的那一方負責出錢打胎。

從父系家族的觀點來看，是 *biinv* 施行巫術引誘人靈，這才使得子女違反社會規範，不顧一切做出整個社會都認為不對的事情。即便如此，侗族抹黑變婆的巫術指控並沒有揪出變婆，而是在婚姻成立前的中介狀態，秀出人靈與 *biinv* 的分類機制，由父母親警告年輕人不要輕易動情而與 *biinv* 發生性關係，嚴防與 *biinv* 的界線，不能跟他們通婚。

　　一方面，變婆的巫術指控傳達該社會有關出身和血統重要的文化概念「根骨」，從根骨衍生出侗族對人的看法，對變婆的指控、對鄰居的抹黑在集體參與的過程中成為邊村的社會事實，婚前由父母動員年輕人不能與這類人論及婚嫁，避免子女與 *biinv* 通婚，造成家族發生危機。另一方面，某些年輕人破壞這個社會規範，使交表聯姻的價值：維持與舅親結婚，出現裂痕。當年輕人的行動與家族集體的利益有所牴觸之時，年輕人的決定被當作瘋狂之舉，親權立刻啟動修正機制，要求年輕人以家族的立場重新思考社會現實而不是只考慮個人。年輕人處在這種狀況下，不是面對孤立無援的嚴厲處分，就是選擇墮胎，跟家人妥協。這些由家族代表所祭出的修正機制，試圖導正年輕人的行為，避免家族危機，並重新恢復社會秩序。從以上的例子可以發現，我群與他群競爭的焦點在於，如何能強制設定一套正當化的機制，以便穩固社會秩序。村民指控變婆有不乾

淨的出身，結果塑造了一代又一代年輕人的身分認同與區分，並形成人靈與人靈通婚、變婆與變婆通婚的社會效應。從社會戲劇的觀點來看，變婆的巫術指控經過社會動員以及修正機制的操弄，人靈以社會暴力宰制 *biinv* 成為理所當然的文化。

對於這種巫術指控及其產生的階層內通婚，被指控的人只能默默地接受這種歸類。對 *biinv* 出身的人來說，他們也是在婚前才認知到自己的身分。*Neix* 文告訴我，*Bux* 鳳對於被歸類為 *biinv* 深感震驚，後來他放棄原本追求的對象，改娶 *biinv* 出身的女人為妻。

> *Bux* 鳳和 *Bux* 凰同房族、同年紀，*Bux* 鳳是 *biinv*，*Bux* 凰是人靈。他們兩人一起追求人靈出身的女子秋。*Bux* 鳳不知道自己是 *biinv*，他的嬸嬸在一次唱戲的場合告訴他，「你永遠不會擁有秋，因為你是 *biinv*。」這個事實令 *Bux* 鳳既震驚又傷心。

整合機制

　　即便長期存在抹黑鄰居的巫術指控，邊村仍
試圖透過玩變婆的娛樂活動重新整合村寨共同
體。玩變婆的化妝表演活動，可見於從江縣壯族、
苗族和侗族村寨以及黎平縣隆里，沒有統一的舉
辦時間。邊村每五年過大年，過年期間，大年初
三到初五上寨和下寨互相邀約唱大歌，青年男女
在鼓樓唱歌，踩歌堂，還會有一個節目：玩變婆，
由男人扮演變婆進入寨子與村民同樂。該角色由
村中人靈出身的男性假扮野人，造型上使用棕櫚
樹皮蒙臉，手臂紮著稻草，戴上面具，這齣節慶
時刻眾人玩變婆，最終由鞭炮聲和蘆笙音樂將變
婆送出寨外，變婆和村人同樂的演出，暫時泯除
變婆與人類的界線，表演在送變婆回到野外的那
一幕結束。社會戲劇的集體演出意圖使人、鬼各
歸其位，並在開玩笑和娛樂中降低變婆對社會秩
序的威脅。

　　特納指出，社會戲劇經歷衝突之後的重新整合，具有融合的特點，比如朝聖者在宗教活動中消解了世俗身分地位的差別，不同身分融合在一起。中國西南當地民族很明顯不願意與這類擁有巫術的妖怪聯姻，但這些他者受到社會排斥的程度不一。其中，傣族最嚴厲，傣族人將琵琶鬼驅逐出去，這些琵琶鬼自成鬼寨，不准與他寨通婚，琵琶鬼完全被傣族社會封鎖。草苗嚴格地守住各方面的社會界線，不准與有鬼的家族一起吃飯、勞動、「行歌坐月」、論及婚嫁。儘管侗族婚姻上排斥 *biinv*，邊村透過每五年舉行的玩變婆娛樂節目，泯除身分的區隔和彼此的差異，重新整合之後，*biinv* 繼續與村民一起工作、聊天、做朋友，繼續與村民享有互助合作、建造新房和「行歌坐月」等日常生活的資源，並重新被整合到社區的想像共同體之中。被指控為 *biinv* 後代的人，經常能感受到社會的排擠，但是透過全村一起過節的儀式活動和玩變婆的娛樂中被撫平傷口，泯除彼

圖 15　一起工作、吃飯、聊天、喝酒、同甘共苦的夥伴

此身分的差異，外表上看不出來心中的那道傷痕。

補償機制

　　總體而論，有錢有勢的人靈群體早婚早育，而且多子多孫，擁有婚姻和生育的優勢。在人靈群體的宰制之下，*biinv* 的婚姻圈相當地狹窄，系譜資料顯示 *biinv* 家族密集地互相通婚。*Biinv* 的群體對外也跟人靈一樣講「不娶舊親太可惜」，遮

掩嫁娶時遇到的困窘 ， *biinv* 這邊甚至容許姨表
婚。即便夫妻往上推，祖先是 *dih nongx huix*（同
一父母的兄弟姐妹關係）， 但從父系氏族的認定
上，兩姐妹分別嫁入不同的房族，子女自然屬於
不同房族，仍然可以通婚。人靈固守與 *biinv* 的生
物、心理和社會界線，使得身分低賤的 *biinv* 不得
不內部通婚，這兩極出現明顯階層內通婚的情況。
然而，乍看之下壁壘分明的婚姻圈，在人群連結
的社會互動過程中，*biinv* 仍保有融入人靈群體的
機會，兩者的界線並非決然不可跨越。

　　社會規範並不是持久不變，隨著人與人的互
動、交換和互惠，習俗逐漸變成常規以及有秩序
的行為結果；然而，社會規範所形塑的社會關係
時有緊張衝突。受到內心焦慮、恐懼支配的人們
則動員起來，從不同的社會位置找尋保護自身的
方法。所以，過渡時期所有的社會位置都有可能
形成另類的社會安排。*Biinv* 雖然倍受排斥，*biinv*
出身的男性幾乎沒有機會娶到本地 *nyenc lail* 的

女性，然而有些 *biinv* 出身的女性運用她們的美貌、愛情和生育能力，增加嫁給 *nyenc lail* 的機會，最近這三代有十個成功的例子。另外，社會規範遇到父系氏族即將斷嗣的危機，*nyenc lail* 不得不接受跨越階層的婚姻以延續後代，不與 *biinv* 通婚的社會規範於是出現新的可能性。1940 年代文的外公四兄弟同住四間屋，家族出武將，懂得跌打損傷的草藥，又是鬼師家庭，這樣的出身無疑屬於根骨高貴的群體。但是，村寨內婚加上交表聯姻，極容易導致近親通婚，產生遺傳性疾病。文的舅舅、哥哥和表弟都因為牙齦和鼻出血不止而逝，他們都罹患先天性缺乏凝血因子的血友病。面對男嗣一一夭折，家運衰亡，僅有女的存活，上文已經提過，該家族對外的說法是之前祖先在井邊遇到 *biinv*，跟 *biinv* 打鬥，致使曾經盛極一時的四間堂屋，現在只剩下一戶留有男嗣，該戶相信「唯有娶那邊，才會有後代」。整個家族對變婆的指控，並沒有指明是哪一家所害，也沒有揪

出哪一家以示負責，向眾人散播祖先遇到 *biinv* 這個說法，只是用以逃避社會壓力，博取大家的同情而已。另一方面，僅存的一戶面對斷嗣的危機，不得已與 *biinv* 結婚，才能傳宗接代，現在這戶生下一男一女，並繼承其他兄弟的房屋和家產。可見，*biinv* 雖然受到社會的貶抑、排斥和邊緣化，只要父系氏族延續後代的重要性高於維繫社會地位的考量，*biinv* 便保有融入 *nyenc lail* 的機會。

邊村對於社會上不認可的婚姻，以斷絕父子關係作為修正機制，試圖懲罰違反社會規範者，同時減少該家庭危機對其他成員婚姻的影響；但親子關係未必無法改變。拉長時間來看，*Gongs* 燕有兩個兒子——*Bux* 燕和頓，他們家屬於人靈的中農家庭。父母要 *Bux* 燕娶一位母方姑表的女兒之前，*Bux* 燕已經愛上一個 *biinv* 出身的女子。*Bux* 燕不顧一切地與這個女子結婚，此舉引起父子關係的對立衝突，*Gongs* 燕公開在鼓樓前與他斷絕父子關係。乍看之下，*Bux* 燕面臨失去親人

的衝擊，不過老人家這樣做顯然是因為 *Bux* 燕還有個尚未成家的弟弟，他們家還有往人靈這個群體尋求婚姻結盟的需求。十年過去了，家中第二個兒子頓已經 29 歲，他在村子裡看起來是很難找到老婆了。*Bux* 燕被趕出家門時有一個女兒，十年之後兒子誕生。*Gongs* 燕擔憂他們第二個兒子頓無法延續香火，於是默默地接受 *Bux* 燕和他的另一半。新屋落成加上下一代男孫的誕生，成功延續家族生命使 *Bux* 燕獲得盡孝的機會，父母接受與 *Bux* 燕一家同住的邀請，重新接納這個兒子，並為他們帶孫子。

沒有按照既定的腳本，情節被打破之後，家庭關係針對這一樁跨越社會界線的婚姻展演了意義的不確定性，並在長達十年的過程中進行意義的游移和交換。這一連串抹黑鄰居的社會展演彰顯出，生育的權力畢竟在子代身上，子代決定接納 *biinv*，展開挑戰既定社會規範的行動，延續家族生命更為重要，於是斷裂的親子關係出現重新

接上的可能，以上是邊村階層婚的實態。

特納主張儀式是一種象徵行動，標示出社會的緊張衝突，人們在社會過程中以社會展演的方式解決衝突，通過裂痕、衝突、過渡和整合的社會過程，社會的衝突和有身分差異的社群得以被重新調和。這一章使用社會展演分析變婆的巫術指控，凸顯出巫術指控在社會衝突扮演重要的社會機制，以及社會如何回應結構上的緊張衝突，並從不同的社會位置，形成各種可能的另類安排。

從社會展演看變婆的巫術指控

變婆的巫術指控這齣戲讓一代又一代的年輕人相信變婆的存在，遵循不與變婆通婚的社會規範，變婆的巫術指控因而能對婚姻產生社會效應。變婆的巫術指控首先是一個分類機制，產生身分上的劃分，排除結婚對象；其次，年輕人想要跟變婆結婚，家族產生危機和社會地位有可能變動

時，變婆的巫術指控便成為一個修正機制，誘導並糾正年輕人的婚姻選擇。補償機制在階層婚出現遺傳性疾病，無法傳宗接代時，迎娶變婆，顛覆既有的社會規範，使得與變婆結合的婚姻獲得認可。社會貶抑變婆，也在玩變婆的娛樂活動和一起過節的場合泯除身分界線，讓變婆的家戶重新整合到整個社會形成共同體，以上這些機制維繫侗族社會的再生產。

變婆的巫術指控是山區侗族在婚姻和生育上嚴密管理的策略，進入婚姻交換體系之前必須先對結婚對象進行身分識別。變婆的謠言、傳說抹黑鄰居，將內部他者——變婆鑲嵌於當地的人觀，並以根骨的乾淨與不乾淨分類身分等級，將可疑的人視為根骨低賤者，不得與先到的優勢者競爭，以保障優勢者的主宰權。

巫術指控在侗族社會很明顯是一個社會機制，分類的機制的確嵌入總設計者的意圖——將生產（指土地資源）與再生產（指性、婚姻與生

育）的權力和資源留在同一階層的目的，然而變婆的巫術指控還有更豐富、更重要的意義，需要藉由 Victor Turner 提出的社會展演說明當地階層婚的實態。本書根據長時間的田野調查和民族誌材料加以分析，闡釋變婆與階層婚出現的社會條件、社會互動過程侗族階層婚的出現、維持與打破的動態過程。研究結果以變婆的巫術指控作為維繫階層婚的分類機制、修正機制和補償機制，說明結構與反結構的力量如何維繫因歷史經驗重組和分化的山區侗族社會。

　　明清以來，國家與地方社會對立衝突，地方社會的歷史記憶和情感經驗，充滿集體的心靈創傷與恐懼，以致於邊村人對可疑的外來者相當防備。巫術指控不僅是心理情感的表達，也是深具文化觀念的一種社會展演。從以上邊村抹黑鄰居的巫術指控可看到，當地人訴諸隱喻的方式象徵性地表達社會衝突的因應方式。變婆的妖怪形象象徵山區侗族社會與外部關係種種猜忌、緊張、

利益衝突和不信任，父系家族對絕嗣的焦慮更進一步反映出山區侗族深怕社會安全受到外部的威脅，這些歷史因素和社會發展的考量使得內部的他者——變婆，成為社會關係緊張衝突的代罪羔羊和絕嗣指控的對象。與王朝的軍隊和漢族戰爭過後，侗族面臨人口的分化和重組，這個過程中常有罪犯、流民、奸商和奸細混入，為避免侗族社會被攻擊，邊村人抹黑鄰村和鄰居——住進邊村的外地人，用巫術指控防止外地人進入當地的婚姻交換體系，以便鞏固社群界線。於是，介於政府和地方社會之間，有一群人被挑出來，抹黑為變婆。這些人既非政府軍隊，也不是當地人，而是因戰亂依附在邊村，貧窮、無根、來自外地、與本地人沒有共同血緣的人，具有來歷不明、可疑、可能變節的特質，在族群關係緊張衝突的黔東南侗族社會被認為具有傷害和威脅社會發展的可能。

　　基於過去的歷史經驗，為了保護族群發展，

侗族人使用「根骨不乾淨」與本地人的起源做出區分，變婆根骨不淨的象徵轉變為社會邊界和人群分類的符號。邊村人對外散播自己村內有變婆，也污名化周遭的村落，不跟他們通婚，使得明清時期九十九公共同決議的婚姻模式——村寨內婚更加鞏固，變婆的巫術指控進而在村寨內部形成階層婚，更加內捲化。對於住在村寨內部的外地人和與變婆通婚、跨越階層界線的人家，邊村人展開一連串抹黑鄰居的社會展演，包括：變婆出身的人家一過世，家長對子女的社會動員、分類機制、修正機制、補償機制和整合機制。通過變婆的謠言、傳說作為行動的論述與集體的社會展演，邊村人守住家族、村落與族群的邊界，不與變婆通婚成為人群交往和族群互動的準則。

邊村對待變婆出身的人隨著其傷害性增大，必要時緊縮交往的空間。變婆跟平常人在日常生活的互動上，可以一起勞動，任何活動都可參與，吃喝玩樂都行，但就是不能與變婆結婚。一牽涉

到婚姻和生育，所有和變婆交合的人靈、父母有任何一方是變婆、或被變婆女性哺乳的人靈，都會隨著體液的交換，被賦予變婆的身分。締結婚姻時通婚的身分條件變得很嚴格，這時候他們把婚姻的對象分為可結婚和不可結婚兩類人，可以交往談戀愛、但不可以跟變婆生下孩子、不能讓後代喝到變婆的乳汁。一旦有人要嫁娶變婆，邊村人便用親情勸說、墮胎、斷絕父子關係等等修正機制，限制變婆進入婚姻交換體系。變婆的戶數雖然漸漸增加，目前某些侗寨變婆的人數已經超過一半的比例，然而變婆在侗人社會中的地位並沒有因此而跟著提升。直到今天，變婆和外姓在村子裡仍然地位低下。

侗人對人的看法顯然是根深蒂固的，與其說變婆是妖怪，不如說變婆是侗文化中「根骨跟人類不同」的一種暗號，關於這種人，侗族的變婆敘事擁有各種多樣的象徵手法告訴侗人變婆是什麼？什麼人會遇到變婆，可不可以加害於人，隨

過世者的家庭背景、時間點和場所而有所變化。其實變婆並不限定是女性；變婆的侗語 "*biinv*"，沒有性別的意含。變婆傳說承載的人觀以其妖怪的來歷和具有污染力的體液凸顯出 *biinv* 的根骨與正常人不同，以致於成為人靈群體的拒絕往來對象。由於婚姻上處於低下的地位，*biinv* 不得不在下等親內部互相通婚。邊村侗族以 *nyenc lail* 和 *biinv* 區隔根骨高貴和根骨低賤兩個階層，限定在階層內通婚的結果，邊村出現有上、下身分等級差別的階層婚。變婆過世時，巫術的力量壯大到極點，全體緊閉門戶，所有的活動都暫停，所有人天黑之後不敢出門、鼓樓空蕩無人、年輕人不行歌坐月，直到確認變婆已被處理掉，夜晚的活動才重新活躍起來。

邊村之所以實行身分有等級差別的階層婚，是透過變婆謠言、傳說所承載的人觀——根骨取得社會動員的力量。根骨乾淨、地位高的人靈群體目前仍擁有村寨中較多的資源，在共議的政治

場合說話分量大，寨老由他們輪流更替，這些家族更進一步主導整個「抹黑行動」，維持血緣認同，藉由社會展演確保家族的延續和婚姻的優勢，緊緊掌握政治的主導權。

　　侗族結婚十分講究要先看親家的根骨，一定要搞清楚這家人的家族歷史和底細，即使是外地人，再遠都要去問明白。變婆的謠言、傳說固然提供父系家族的長輩主導婚姻的空間，動員年輕人遵守婚姻禁忌，不與變婆通婚。對於衝破社會階層、顛覆權力階序者，侗族社會並沒有正式的司法機構公開審判變婆，該社會僅使用修正機制，包括親情勸說、對違反社會規範者的處置——喪失親屬的支持網絡和社會地位以及強制墮胎。整個社會對變婆的巫術指控，將 *biinv* 排斥於人靈的婚姻圈之外，加上對違反社會規範者的修正機制，無疑強化人靈之間的姻親聯盟，並形成邊村的身分等級階序，鞏固人靈的社會地位，維持有權勢者在生產與再生產的優勢，根骨高貴者的婚姻結

盟也因此具有政治作用。就這個層次來說，變婆傳說可說是一種象徵暴力，用以維護本地人的權力地位，不讓外人隨便進入邊村的婚姻交換體系，使邊村得以維持村寨內婚和交表聯姻，人靈群體在婚姻走向社會內部階層化的過程得以持續保持主宰的優勢。

從邊村婚姻實際的樣態來看，*biinv* 仍然保有通過婚姻融入人靈群體的機會，兩者的界線並非完全不可踰越。變婆的巫術指控在社會衝突的發展過程中出現多樣性的結果，從抹黑鄰居的社會展演可知，不同社會位置決定劇本是否按照既定的情節去走。變婆的巫術指控過濾可疑的外地人，以減低人為的破壞和災難所導致的動盪不安。以血緣認同建立的不通婚機制之下，變婆的巫術指控成為一個分類機制和過濾機制。分類機制接著衍生出修正機制，變婆的巫術指控強制社會嚴防與變婆通婚，若有人違反社會規範時，家長祭出修正機制，要求年輕人按照社會規範走，跟變婆

發生性關係而懷孕者被要求墮胎，另娶、另嫁。
堅決要嫁娶變婆者，家長向社會展演公開斷絕親
子關係。分類機制和修正機制長久運作下來，村
民婚姻優先選擇村寨內婚和交表聯姻，直接造成
階層婚的社會效應。然而，階層婚卻會產生遺傳
性疾病的缺陷，比如上文提到文的外公家男丁紛
紛因血友病夭折過世，四兄弟到最後僅剩一戶，
為了要克服遺傳病導致絕嗣的缺陷，補償機制緊
接著出現，*nyenc lail* 唯有迎娶變婆那邊的人才得
以避免傳宗接代的危機。文的外公家處在這個社
會位置上，變婆被該父系家族接受，那一戶生下
一男一女，抵銷掉村寨內婚、交表聯姻和階層內
通婚的缺點，使家族的生命獲得延續。

　　侗族的階層婚看起來似乎有違中國推動的現
代化發展，通過社會展演我們觀察到，保有自治
的邊村直到今天排斥變婆，不因國家優生保健相
關的法令而改變，特定的社會條件和歷史成因造
成變婆出現在山區侗族社會，巫術指控的發展過

程，變婆的出現、社會的動員以及階層婚的形成，當社會規範出現裂痕、有可能爆發家族危機時，變婆的巫術指控作為修正機制介入，階層婚走到極限發生遺傳性疾病時，補償機制跟進，結構和反結構的力量相互激盪的社會展演，推動該社會結構的進展。

1980 年中國的婚姻法進一步規定，禁止直系及三代以內旁系的近親結婚，唯恐後代產生遺傳疾病，但近親結婚實際上仍在中國農村持續著。從本研究可以看到影響當地民族婚姻變遷的因素，不只是來自政府以現代化之名對少數民族進行社會轉型的外部力量，該社會以巫術指控的社會機制回應明清時期出現的動盪不安、山區生存環境資源有限和多族群競爭的局面，以致產生巫術指控和山區侗族的階層婚。

總體來看，階層婚主要集中於人靈出身的地主和富農家庭，以及最底層的變婆家庭，並沒有遍及全體。雖然大部分地主、富農出身的人靈屈

從於親權，接受父母安排的婚姻對象；但是，中農出身的人靈顯然比較有自主性，他們實際的社會行動顯示，即使娶了 *biinv* 受到懲罰，父母還是有可能回心轉意接納他們，上面提及的 *Bux* 燕就是一個例證。人靈與 *biinv* 之間的生物、社會和等級界線也沒有那麼牢不可破，即便受到嚴厲的懲罰，該社會人群的連結，體現出人的主體性足以打破社會階層，與根骨貴賤通婚並非少見，每一代出現幾位；更重要的是，變婆出身的女性不斷尋求上嫁的機會，人靈群體近親結婚的後果造成遺傳性疾病，也讓 *biinv* 有機會嫁入人靈家庭。*Biinv* 雖受到貶抑、排斥和邊緣化，當近親結婚造成遺傳性疾病或沒有條件娶到 *nyenc lail* 的女子，不與變婆通婚的社會規範反而倒過來使用，唯有迎娶 *biinv* 才能讓 *nyenc lail* 家族繼續有男嗣。可見，在親從子名制的侗族社會，延續後代的重要性高於一切，跨越社會階層的生育仍有婚姻合法化的可能。

結　語

　　現代社會強調人權，很多知識分子都主張山區侗族應該去除對變婆的污名和偏見 ，尤其是1949 年中華人民共和國建立之後講求階級平等。現在都什麼時代了，還有妖怪的存在？如果我們願意回顧一個族群過去的歷史經驗，一個遭遇過幾十萬官軍鎮壓屠殺的族群，因為明清軍事殖民和商業擴張而喪失故土，長久以來不斷戰爭，抗爭失敗後逃亡山區藏匿，或許更能了解他們為什麼使用變婆的巫術指控作為一種社會機制，以恐怖的巫術謠言和傳說嚇阻漢人和異族，用擇偶禁忌引導青年男女守住村寨內婚，也對定居村內但來歷不明的人抱持高度警戒。

　　十幾年過去了，我總算認識到山區侗族為何

隱蔽山林和他們使用巫術的用意。當地人不會輕易告訴外人村子的秘密，他們觀察到一定程度，接納你了，現實世界之外的另一個隱密的時空才會展現在你的眼前。這個不使用文字的民族，特意用巫術的語言、在地的文化觀念和經驗素材表述各種隱喻和象徵，外來者特別是漢人，必須跨越語言隔閡，打破人與人之間的猜忌，消融族群的界線才能了解邊村侗族的巫術世界。

我們在中國西南看到國家與地方社會的衝突不斷，在這個緊張衝突的過程中，巫術指控以文化的根隱喻「根骨」產生人觀上新的象徵、新的傳說和新的社會規範，以維繫動盪中的社會。明清時期，代表國家力量的軍隊和大量漢人進入貴州拓殖之後，不歸順服從的民族大小起事不斷，接連的報復鎮壓引起人心惶惶不能安寢。這段長時間的苦難歷史尤其造成西南當地民族對外界的猜疑、敵意和恐懼，形成自我保護的策略，這是西南地方社會區分我群與他群產生的心理認知因

素。國家權力介入黔東南生界之後，這裡成為族群衝突最嚴重的地帶，對外人的猜疑和恐懼以及資源的有限與競爭，使得這個山區成為變婆傳說的溫床，侗族並以變婆污名化生活在內部社會的鄰居，因戰亂等因素後來依附邊村的外姓被視為邊緣的他者，族群關係緊張時成為影射的對象，變婆的巫術指控反映出歷史上明清的戰爭經驗對侗人集體心靈的影響。

　　釐清侗漢之間緊張衝突的關係之後，筆者特別關注明清實行的夷變漢、漢變夷的同化政策之後，侗族內部出現侗化的漢人、漢化的侗人，作為抗爭逃難的政治難民，山區侗人如何以巫術指控拿回身分認同的主導權。巫術指控可以說是侗族抗拒明清國家統治，表述身分認同的策略。回顧明清時期西南苗侗等族群遭遇的歷史經驗，會這麼迫切需要區分人我，是因為處於帝國邊緣的黔東南經歷明初軍事鎮壓後，密集設立軍事衛所，軍人大舉屯田、並從江西吉安府和湖廣招來移民，

漢人移民的墾殖，占領當地許多容易耕作的農田、擠壓當地民族的生存空間。帝國為了繼續獲取山林資源和商貿利益，建立屯堡衛所加強對當地的監視，接著移民實邊稀釋當地的少數民族，以漢人村寨包圍苗侗寨，這些措施都是用來監督叛服無常的生界。黔東南山區的許多侗寨、苗寨，就是受到這幾波移民潮所迫，往山上移動的政治難民。清初為清剿南明王和吳三桂之亂，大舉掃蕩貴州。清雍正接著鎮壓黔東南生界，設立新疆六廳，帶來至少二十萬的移民，並推動漢化改造少數民族。鎮壓包利和紅銀在黔東南發動的苗亂之後，朝廷移入大量屯民，外來移民的數目是當地人的五倍。這些移民開墾過渡地帶，雨水沖刷土石，河床上升，民國二十年代政府就不再疏濬，清水江的航運畫上句點。

　　王朝將軍事衛所與漢人移民安插在少數民族村寨之間，侗人散播令人害怕恐懼的變婆傳說，藉此對外嚇阻，對內避免子女與外人通婚。明清

時期，漢族與苗族、侗族雜處的局面，侗人面對
整個人口組成和社會結構在極短的時間內經歷前
所未有的改變，眾多民族在一起生活，原本在生
界自治自主的苗、侗從主人變成俘虜或奴隸，被
迫接受統治者成為社會上層、漢人成為大地主，
這些民族試圖用巫術指控保住自己的血緣、文化
和身分認同，不隨便讓來歷不明的外人進入婚姻
交換體系，藉著婚姻占有政治、經濟和人力資源。

官方把非漢的異族描繪成妖怪一樣危險的他
者，光是明清兩代，苗、侗便發動大小十幾次的
起事，讓統治者不得不承認他們無法完全掌控黔
東南這些異族，即使乾隆皇帝總算征服了古州，
權衡之下，只能免除他們納稅的義務，避免徵稅
之後處於貧瘠山區的異族生存不了再度舉事。乾
隆皇帝也讓他們繼續使用自己的習慣法行事，而
不採用國家法律。另一方面，被朝廷指為妖異善
變的苗、侗並沒有失語，他們以自己的巫術語言
反控訴回去，例如侗族主張來歷不明者為變婆。

同時，山區侗族對外聲稱我村有變婆、鄰村有變婆，這種巫術指控是侗族面對強敵侵略的策略，讓外人不敢輕易進入到他們的生存空間，從而保存他們的社會文化空間。

從變婆出現的核心區域訪查地方社會的歷史和婚姻模式內捲化的變化之後可以發現，變婆興起於明清軍事殖民引起地方社會人群的分化、重組，該巫術傳說突出侗族與他者（統治者與外寨）存在緊張、不信任的社會關係。這些人群在黔東南山區，不是第一次逃難，以侗族為例，這個民族已經歷無數次國家暴力引起的流離和災難。從廣西梧州，進入貴州、湖南和廣西三省交界處，再逃到黎平和永從以西、以南和三省坡的深山大林，另覓安全的生活空間。退無可退的情況下，他們選擇使用巫術語言對外發聲，隱蔽地用巫術對決與統治者交戰，從而畫出一個不受國家治理、完全自治的空間。黔東南統治者與被統治者之間互相指控，不管是妖異善變的異族書寫或是變婆

的巫術指控都與明清的軍事殖民有相當大的關係。

　　帝國的拓殖改變了侗族的生活世界，部分失去土地的政治難民選擇逃亡山區，惹不起，至少躲得起！尋找隱蔽而安全的地方生活是山區侗族的選擇，在深山大林裡繼續保持社會文化的主體性。然而，動亂頻仍，近代不少逃避稅賦勞役或者政治迫害者遷居邊村，這使得邊村必須長期面對村內、村外多重異己雜處的現實。侗族社會階層化不明顯，卻存在階層婚，說明該社會為了應付資源競爭的需要與外界之侵害，個人必須與他人結為群體，以克服孤立在山區帶來的不利和恐懼，所以，侗族社會願意接納侗族化的外族、外姓或外地人成為本村的人，成為村落共同體的一部分，甚至接納他們加入房族成為擬親。但是，婚姻是一道嚴格的界線，不容許外來者隨意跨越。為了維持上階層、先來者和本地人的利益，為了達成個人與集體的目標，這些團體不斷地強化人我的界線，並訴諸巫術想像，指控他者，以穩定

社會結構和社會秩序。

　　山區侗族在明清時期的動盪中與異族雜處，村內與外來者同住一個生活空間，形成美國社會學家高夫曼 (Erving Goffman, 1922–1982) 所謂的——「混類接觸」的狀態，他者就是鄰居，這是為什麼黔東南山區侗族只能低調地暗中指控他者，沒有公開、大肆驅除變婆的原因。面對因戰亂、逃稅而依附邊村的外姓和外地人，邊村侗族也在社會內部抹黑鄰居為變婆，好讓祖先開發的土地和家產可以保留在侗族村寨內部，繼續由家族傳承下去，而不落入外人手中。這麼做是不希望外來細作、逃犯、盜賊等，巧藉名目，藉由婚姻輕易獲取人脈、土地和資源，甚至危及全寨的性命安全。變婆主要為侗人提供了兩個層次的社會界線：一個層次是透過變婆的駭人傳說（變婆死後變化成猛獸攻擊人類）來避免外地人在此處久留，另一個層次是保有侗人的血脈。過去，常有外來的漢人移民與侗族爭奪土地，漢人成為地

主、侗族變成長工或奴隸。漢族商人進入山區村寨選購木材，與外界接觸不多、不熟悉市場操作的侗族人經常被騙。基於侗族先民過去與官兵戰爭、與漢人打交道和做生意的受騙經驗，山區侗族成為排他性極高的族群，這是產生變婆巫術指控的歷史成因。人靈與變婆的社會分類，一定程度反映出以上人群互動的歷史經驗，侗族試圖鎖住婚姻體系，堅持不與變婆通婚。此外，清朝實施「夷變漢、漢變夷」的身分改造工程，強化漢族與本地人群互相融合，侗化的漢人以及漢化的侗人出現在侗族地區。面對王朝對身分的改造，山區侗人以巫術指控拿回身分認同的主導權。

　　對於明清王朝的抗爭也出現在象徵符號和侗族的人觀上：侗人將他們無法追溯來歷的外人指控為變婆，這個作法直接回應了帝國視角和地方志裡的異聞記錄，西南少數民族似乎很多能行使妖術。侗人便形塑變婆這類妖怪，透過巫術指控，把變婆區隔在侗人的婚姻交換體系和生育之外，

以便保留侗人純正的血脈。在侗族人界定什麼是人的人觀中，他們使用「根骨」來辨別「一個人的家系來源」，這是締結婚姻最重要的法則。外來移民容易引起土地與婚姻、生育的競爭，為解決本地人與外來者有關生產與再生產的緊張和衝突，本地人以謠言抹黑社會中的邊緣人以爭取競爭優勢。對於那些依附到邊村的外地人，能夠透過四周村寨的明查暗訪去辨別家系來源的人們，才被視為人靈，是可信任的人。至於無法透過這套侗人的資訊網絡去辨別血統是否乾淨和家系來歷的那些人，則被視為可能危害全村的變婆。

總之，變婆的巫術指控用以解決社會關係的緊張和衝突，山區侗族人對外人的猜忌，深怕外人加害的力量，害怕有人向官府告密，都是形成巫術指控的原因。有權有勢的階層操弄巫術謠言，被控訴者通常是外來者和邊緣人，控訴主要的目的是為了維持優勢者的權力。不與變婆通婚是邊村社會規定的禁忌，從人靈跟變婆之間的應對可

以發現，邊村並不公開審判變婆，人靈這邊不敢
得罪變婆的家庭，不敢直接揪出他們、甚至不敢
指認誰是變婆，而是私底下在親屬之間透過謠言
抹黑鄰居。一有變婆過世，變婆的謠言傳說成為
社會動員的行動論述，在子女成年將屆婚姻之際，
父母使用人靈和變婆的象徵符號劃清人我界線，
這個分類機制決定子女的婚姻對象。父母告訴子
女誰是變婆，變婆的知識顯然掌握在親權手上。
子女婚姻的對象以姑表婚為佳，也就是舊親為第
一優先，如果是外寨遷入的人士，即使再遠，父
母也會通過管道前去打聽，問清底細，確定根骨
乾淨才讓兩人成親。邊村人沒有任何儀式專家可
以使用咒語或儀式對付變婆，村民相信唯有靠祖
先保佑，變婆出現時，為子孫蒙上眼睛，或者讓
子孫看到豬狗而不是變婆。

　　誰是變婆屬於人靈群體的內部知識，他們隱
蔽地在信任的親屬關係裡流通這些謠言指控，並
不對外公開。對此，年輕人擁有生育權力加上出

身變婆的人尋求機會上嫁，轉而鬆動社會權力結構，可能會變成不聽從父母安排。變婆過世時的閒言閒語和社會展演的過程再現山區侗族對人的看法、根骨的文化觀點以及巫術指控的社會機制，他們以根骨這個人觀表達對人的區別，區別本地人、外地人，區別根源清楚者或來歷不明者，區別可以共享秘密的家人與不可說的群體。將變婆這類人排除於人靈的婚姻圈之外，才不會影響有權勢者在生產與再生產的優勢。

引用書目

王明珂,〈女人、不潔與村寨認同:岷江上游的毒藥
　　貓故事〉,《中央研究院歷史語言研究所集刊》
　　70:3,頁699～738,1991。

王明珂,《羌在漢藏之間:一個華夏邊緣的歷史人類
　　學研究》,臺北:聯經出版社,2003。

王明珂,《毒藥貓理論》,臺北:允晨文化,2021。

片岡樹,〈食人鬼のいる生活—タイ山地民ラフの妖
　　術譚とその周辺—〉,《社会人類学年報》37,
　　頁1～25,2011。

中國第一歷史檔案館編,《清代前期苗民起義檔案史
　　料彙編第一卷》,北京:光明日報出版社,
　　1987。

石林、羅康隆,〈三省坡草苗的婚姻圈和階層婚〉,
　　《廣西民族大學學報(哲學社會科學版)》6,
　　頁43～47,2006。

貴州少數民族社會歷史調查組、中國社會科學院貴
　　州分院民族研究所編,《貴州省從江縣丙梅區和
　　平鄉占里寨侗族社會經濟調查資料》,北京:中
　　國社會科學院民族研究所,1963。

伍蒼遠,《從江縣民族志》,貴州:從江縣民族事務
　　委員會編印,1988。

向零、翁家烈,《夜郎故地上的女性:貴州高原少數
　　民族婦女探秘》,貴州:貴州民族出版社,
　　1993。

李方桂,〈莫話記略:水話研究〉,收錄於丁邦新主
　　編,《李方桂全集》,北京:清華大學出版社,
　　2005。

李宗昉,《黔記》,臺北:藝文印書館,1992。

林淑蓉,〈生產、節日與禮物的交換:侗族的時間概
　　念〉,收錄於黃應貴主編,《時間、歷史與記
　　憶》,臺北:中央研究院民族學研究所,頁229
　　～81,1999。

林淑蓉,〈「平權」社會的階序與權力:以中國侗族

　　的人群關係為例〉,《臺灣人類學刊》4：1,頁1
　　～43,2006。

涂爾幹著,芮傳明、趙學元譯,《宗教生活的基本形
　　式》,臺北：桂冠出版社,1992。

胡剛、井宇陽、張夏、甯建榮,〈貴陽甲秀樓鐵柱保
　　護修復資訊資料庫設計〉,《文物修復研究》,北
　　京：中國文物學會文物修復專業委員會,頁112
　　～118,2016。

胡曉真,《明清文學中的西南敘事》,臺北：國立臺
　　灣大學出版中心,2017。

馬凌諾斯基著,朱岑樓譯,《巫術、宗教與科學》,
　　臺北：協志工業,2006。

馬國君、黃健琴,〈略論清代對貴州苗疆「生界」的
　　經營及影響〉,《三峽論壇》 4 , 頁72～78,
　　2011。

華學瀾,《辛丑日記》,上海：商務印書館,1936。

高燕,〈秩序與和諧：貴州少數民族「扮變婆」活動
　　之教育價值研究〉,《民族教育研究》5,頁47～

50，2012。

陳繼儒，《虎薈》，收於明萬曆年間陳繼儒所編之叢
　　書《寶顏堂秘笈》，明萬曆間繡水沈氏尚白齋刊
　　本，1922。

連瑞枝，《邊疆與帝國之間：明朝統治下的西南人群
　　與歷史》，臺北：聯經出版社，2019。

崔海洋，《人與稻田：貴州黎平黃崗侗族傳統生計研
　　究》，昆明：雲南大學出版社，2009。

從江縣地方志編纂委員會編印，《從江縣志》，貴陽：
　　貴州人民出版社，1999。

喬治・福斯特等著，陳華、黃新美譯，《醫學人類
　　學》，臺北：桂冠出版社，1992。

曹端波，〈中國西南少數民族的社會分層與層級婚〉，
　　《思想戰線》5，頁14〜19，2008。

曹端波，〈侗族傳統婚姻選擇與社會控制〉，《貴州大
　　學學報》2，頁60〜65，2008。

曹端波，《侗族巫蠱信仰與階層婚研究》，貴陽：貴
　　州人民出版社，2017。

傅安輝、余達忠，《九寨民俗》，貴陽：貴州人民出
　　版社，1997。

貴州民族研究所編，《明實錄——貴州資料輯錄》，
　　貴陽：貴州人民出版社，1983。

黃才貴，〈侗族族源初探〉，《民族學研究》3，頁78
　　～97，1982。

楊庭碩、潘盛之編，《百苗圖抄本彙編》，貴陽：貴
　　州人民出版社，2004。

楊國仁，《侗族祖先哪裡來》，貴陽：貴州人民出版
　　社，1981。

楊筑慧，〈當代侗族擇偶習俗的變遷〉，《中央民族大
　　學學報 （哲學社會科學版)》 1 ， 頁61～65，
　　2005。

楊錫光、楊錫、吳治德，《侗款》，長沙：岳麓書社，
　　1988。

楊權、鄭國喬、倪大白、覃永綿、劉美崧、文明英，
　　《侗、水、毛南、麼佬、黎族文化志》，上海：
　　人民出版社，1998。

廖君湘，《侗族傳統社會過程與社會生活》，北京：
　　民族出版社，2005。

廖夢華，〈侗族傳統婚戀習俗研究〉，廣西師範大學
　　碩士論文，2010。

瑪麗・道格拉斯著，黃劍波、柳博贇、盧忱譯，《潔
　　淨與危險：對污染和禁忌觀念的分析》，上海：
　　商務印書館，2018。

趙桅，〈傣族文化分類下的琵琶鬼現象解讀：以西雙
　　版納傣族為例〉，《中央民族大學學報 （哲學社
　　會科學版）》2(38)，頁 56～59，2011。

劉鋒、龍耀宏，《侗族：貴州黎平縣九龍村調查》，
　　昆明：雲南大學出版社，2004。

劉鋒 ，〈巫蠱與婚姻 ：黔東南苗族婚姻中的巫蠱禁
　　忌〉，雲南大學博士論文，2005。

劉鋒，〈「鬼蠱」 的想像與建構：以黔東南苗族聚居
　　區為中心的考察〉，《思想戰線》5，頁 9～15，
　　2007。

潘文獻，〈苗人、巫蠱：對於他者的想像和指控〉，

中央民族大學碩士論文，2005。

鄧敏文、吳浩，《沒有國王的王國：侗款研究》，北京：中國社會科學出版社，1995。

蔡宗德，《音聲、儀式與醫療：印尼爪哇民俗醫療體系與活動》，臺北：魚藍文化，2015。

蔡宗德，〈印尼爪哇傳統巫術 (Perdukunan) 醫療中的音聲系統〉，《關渡音樂學刊》19，頁 43～70，2014。

羅康隆，〈清水江流域木材貿易中的族際經濟結構分析〉，《原生態民族文化學刊》4(4)，頁 34～41，2012。

羅義雲，〈侗族的社會分層與婚姻選擇〉，《雲南社會科學》6，頁 89～93，2011。

謝曉輝，〈帝國之在苗疆——清代湘西的制度、禮儀與族群〉，《歷史人類學學刊》11(1)，頁 51～88，2013。

謝曉輝，〈當直接統治遭遇邊疆風俗——十八到十九世紀苗疆的令典、苗俗和苗亂〉，《近代史研究

所集刊》104，頁 1～36，2019。

Wolf Bleek, "Witchcraft, Gossip, and Death: A Social Drama." *Man*, n.s., 11(4), pp. 526–41, 1976.

S. Burusphat, S. Suraratdecha and Q. Yang, eds., *Kam/Chinese/Thai/English Dictionary*. Bangkok: Ekphimthai Ltd., 2000.

Inez de Beauclair, "A Miao Tribe of Southeast Kweichow and Its Cultural Configuration." *Ethnographic Studies: The Collected Paper of Inez De Beauclair*. Edited by I. De Beauclair. Taipei: Southern Materials Center, pp. 269–346, 1986.

Diamond, Norma, "The Miao and Poison: Interactions on China's Southwest Frontier." *Ethnology* 27(1), pp. 1–25, 1988.

Emile Durkheim, *The Rules of Sociological Method*. New York: The Macmillan Press, 1982.

John Middleton and E. H. Winter, eds., *Witchcraft and*

Sorcery in East Africa. London: Routledge and Kegan Paul, 1963.

Jerold. A. Edmondson and David Solnit B., eds., *Comparative Kadai: Linguistic Studies beyond Tai*. Dallas: Summer Institution of Linguistics and the University of Texas at Arlington Publication in Linguistics, 1988.

Edward E. Evans-Pritchard, "Witchcraft (Mangu) amongst the A-Zande." *Sudan Notes and Records* 12(2), pp. 163–249, 1929.

Edward E. Evans-Pritchard, *Witchcraft, Oracles and Magic Among the Azande*. London: Oxford University Press, 1976.

Erving Goffman, *Stigma: Notes on the Management of Spoiled Identity*（《污名：管理受損身分的筆記》），曾凡慈翻譯，臺北：群學，2010。

Max Gluckman, "Gossip and Scandal." *Current Anthropology* 4(3), pp. 307–16, 1963.

David Holm, *Killing a Buffalo for the Ancestors*. DeKalb: Center for Southeast Asian Studies, Northern Illinois University, 2003.

Adam Kuper, *The Social Science Encyclopedia*. London: Routledge, 1999.

Edmund Ronald Leach, *Rethinking Anthropology*. London: The Athlone Press, 2004.

Marwick, M., *Sorcery in Its Social Setting: A Study of the Northern Rhodesial Cewa*. Manchester: Manchester University Press, 1965.

W. H. R. Rivers, *Medicine, Magic, and Religion*. New York: Harcourt Brace, 1924.

Qin Zhaoxiong, "Rethinking Cross Cousin Marriage in China." *Ethnology* 4(4), pp. 347–60, 2001.

R. T. Schaefer and R. P. Lamn, *Sociology*. New York: McGraw-Hill Press, 1993.

R. A. Shweder, "Ghost Busters in Anthropology." In R. G. D'Andrade & C. Strauss (Eds.), Publications of the Society for Psychological Anthropology. *Human Motives and Cultural Models*, Cambridge University Press, pp. 45–57, 1992.

Pamela J. Stewart and Andrew Strathern, *Witchcraft, Sorcery, Rumors, and Gossip*. New York: University of Cambridge Press, 2004.

Victor Turner, *Schism and Continuity in an African Society: A Study of Ndembu Village Life*. Manchester: Manchester University Press, 1972.

Victor Turner, *Dramas, Fields, and Metaphors: Symbolic Action in Human Society*. Ithaca/ London: Cornell University Press, 1974.

Victor Turner, *The Drum of Affliction: A Study of Religious Processes among the Ndembu of Zambia*. Oxford: Clarendon Press and The International African Institute, 1981.

圖片出處

公有版權：圖1、圖3。

作者拍攝：圖4～8、圖10～11、圖13～15。

作者繪製、本局修訂：圖2、圖9、圖12。

蠻子、漢人與羌族

王明珂／著

夾在漢、藏之間的川西岷江上游，有一群人世代生息在這高山深谷中，他們都有三種身分：他們自稱「爾瑪」，但被上游的村寨人群稱作「漢人」、被下游的人們稱作「蠻子」。本書以當地居民的觀點，帶您看他們所反映出「族群認同」與「歷史」的建構過程。

粥的歷史

陳元朋／著

一碗粥，可能是都會男女的時髦夜點，也可能是異國遊子的依依鄉愁；可以讓窮人裹腹、豪門鬥富，也可以是文人的清雅珍味、養生良品。一碗粥裡面有多少的歷史？喝粥，純粹是為口腹之慾，或是文化的投射？粥之清是味道上的淡薄，還是心境上的淡泊？吃粥的養生之道何在？看小小一碗粥裡藏有多大的學問。

慈悲清淨──佛教與中古社會生活

劉淑芬／著

本書描繪中國中古時期（三至十世紀）在佛教強烈影響之下，人民生活的各個層面。雖然佛教對日常生活有相當的制約，但佛教寺院和節日，也是當時人們最重要的節慶和娛樂。佛教的福田思想，更使朝廷將官方救濟貧病的社會工作委託寺院與僧人經營。本書將帶您走入中古社會的佛教世界，探訪這一道當時百姓心中的聖潔曙光。

公主之死——你所不知道的中國法律史
李貞德／

丈夫不忠、家庭暴力、流產傷逝——這是西元第□世紀一位鮮卑公主的故事。有人怪她自作自受，□人為她打抱不平；有人以三從四德的倫理定位她□角色，有人以姊妹情誼的心思為她伸張正義。他□都訴諸法律，但影響法律的因素太多，不是人人□掌握得了。在高舉兩性平權的今日，且讓我們看□千百年來，女性的境遇與努力。

救命——明清中國的醫生與病人
涂豐恩／

在三百年前，人們同樣遭受著生老病死的折磨。□同的是，在那裡，醫生這個職業缺乏權威，醫生□了看病必須四處奔波，醫生得面對著各種挑戰與□問。這是由一群醫生與病人共同交織出的歷史，□於他們之間的信任或不信任，他們彼此的互動、□商與衝突。

情義與愛情——亞瑟王朝的傳奇
蘇其康／

魔法師梅林、哈利波特的魔法世界、魔戒裡的精□族、好萊塢英雄系列電影、英國的紳士風度，亞瑟□王傳奇一千多年來啟發無數精彩創作，甚至對歐洲□的社會文化造成影響。然而，亞瑟王來自何處？歷□史上真有其人嗎？讀過亞瑟王，才能真正了解西□重要的精神價值，體會更多奇幻背後的文化底蘊。

佛教與素食

康　樂／著

雖說「酒肉穿腸過，佛祖心中留」，但是當印度的素食觀傳入中國變成
全面的禁斷酒肉，肉食由傳統祭祀中重要的一環，反成為不潔的象徵。
從原始佛教的不殺生到中國僧侶的茹素，此一演變的種種關鍵為何？又
是什麼樣的力量左右了這一切？

疾病終結者——中國早期的道教醫學

林富士／著

以爐煉丹，煉出了孫悟空的火眼金睛，也創造了中國傳統社會特有的道
教醫理。從修身道士到救世良醫，從煉丹養生到治病救疾，從調和陰陽
的房中術到長生不老、羽化升仙的追求，道教醫學看似神秘，卻是中國
人疾病觀與身體觀的重要根源。

流浪的君子——孔子的最後二十年

王健文／著

周遊列國的旅行其實是一種流浪，流浪者唯一的居所是他心中的夢想。
這一場「逐夢之旅」，面對現實世界的進逼、理想和現實的極大落差，
注定了真誠的夢想家必須永遠和時代對抗；顛沛流離，是流浪者命定的
生命情調。

海客述奇——中國人眼中的維多利亞科學

吳以義／

毓阿羅奇格爾家定司、羅亞爾阿伯色爾法多里……，這些文字究竟代
的是什麼意思——是人名？是地名？還是中國古老的咒語？本書以清
讀書人的觀點，為您剖析維多利亞科學這隻洪水猛獸，對當時沉睡的
國巨龍所帶來的衝擊與震撼！

女性密碼——女書田野調查日記

姜　葳／

你能想像世界上有一個地方，男人和女人竟然使用不同的文字嗎？湖
江永就是這樣的地方。與漢字迥然不同的文字符號，在婦女間流傳，
人的喜怒哀樂在字裡行間娓娓道來，建立一個男人無從進入的世界。
迎來到女性私密的文字花園。

說　地——中國人認識大地形狀的故事

祝平一／

幾千年來一直堅信自己處在世界的中央，要如何相信「蠻夷之人」帶
的「地『球』」觀念？在那個東西初會的時代，傳教士盡力宣揚，一
中國人努力抨擊，卻又有另一群中國人全力思考。地球究竟是方還是
的爭論，突顯了東西文化交流的糾葛，也呈現了傳統中國步入現代化
過程。

侈的女人——明清時期江南婦女的消費文化

巫仁恕／著

清時期的江南婦女，經濟能力大為提升，生活不再只是柴米油鹽，開
追求起時尚品味。要穿最流行華麗的服裝，要吃最精緻可口的美食，
遊山玩水。本書帶您瞧瞧她們究竟過著怎樣的生活？

文明世界的魔法師——宋代的巫覡與巫術

王章偉／著

哈利波特》、《魔戒》熱潮席捲全球，充滿奇幻色彩的巫術，打破過
對女巫黑袍掃帚、勾鼻老太婆的陰森印象。在宋代，中國也有一群從
巫術的男覡女巫，他們是什麼人？他們做什麼？「消災解厄」還是
殺人祭鬼」？他們是文明世界的魔法師！

解構鄭成功——英雄、神話與形象的歷史

江仁傑／著

盜頭子、民族英雄、孤臣孽子、還是一方之霸？鄭成功到底是誰？鄭
功是民族英雄、地方梟雄、還是不得志的人臣？同一個人物卻因為解
者（政府）的需要，而有不同的歷史定位。且看清朝、日本、臺灣、
共如何「消費」鄭成功！

染血的山谷——日治時期的噍吧哖事件

康　豹／著

噍吧哖事件，是日治初期轟動一時的宗教反抗，震驚海內外。信徒憑著赤身肉體和落後的武器，與日本的長槍巨砲硬拼，宛如「雞蛋碰石頭」。金剛不壞之身頂得住機關槍和大砲嗎？臺灣的白蓮教——噍吧哖事件。

華盛頓在中國——製作「國父」

潘光哲／著

「國父」是怎麼來的？是選舉、眾望所歸，還是後人塑造的？是誰決定讓何人可以登上「國父」之位？美國國父華盛頓的故事，在中國流傳被譽為「異國堯舜」，因此中國也創造了一位「國父」——孫中山「中國華盛頓」。

生津解渴——中國茶葉的全球化

陳慈玉／著

大家知道嗎？原來喝茶習慣是源於中國，待茶葉行銷全球後，各地逐漸衍生出各式各樣的飲茶文化，尤其以英國的紅茶文化為代表，使得喝茶成為一種生活風尚，飄溢著布爾喬亞氣息，並伴隨茶葉貿易的發展，整個世界局勢為之牽動。「茶」與人民生活型態、世界歷史的發展如此相互牽連，讓我們品茗好茶的同時，也一同進入這「茶」的歷史吧！

林布蘭特與聖經——荷蘭黃金時代藝術與宗教的對話

花亦芬／著

十七世紀宗教改革的激烈浪潮中，林布蘭特將他的生命歷程與藝術想像幻化成一幅又一幅的畫作，如果您仔細傾聽，甚至可以聽到它們低語囈喃的聲音，就讓我們隨著林布蘭特的步伐，一起聆聽藝術與宗教的對話吧！

國家圖書館出版品預行編目資料

妖怪、變婆與婚姻：中國西南的巫術指控／顏芳姿
著.——初版一刷.——臺北市：三民，2021
面；　公分.——（文明叢書）

ISBN 978-957-14-7289-8（平裝）
1. 社會人類學 2. 文化人類學 3. 巫術 4. 侗族

541.3   110014462

妖怪、變婆與婚姻——中國西南的巫術指控

作　　者	顏芳姿
總 策 畫	杜正勝
執行編委	張　珣
編輯委員	王汎森　呂妙芬　李建民
	林富士　陳正國　單德興
	鄧育仁　鄭毓瑜　謝國興
責任編輯	林汝芳
美術編輯	許瀞文
發 行 人	劉振強
出 版 者	三民書局股份有限公司
地　　址	臺北市復興北路 386 號 (復北門市)
	臺北市重慶南路一段 61 號 (重南門市)
電　　話	(02)25006600
網　　址	三民網路書店 https://www.sanmin.com.tw
出版日期	初版一刷 2021 年 10 月
書籍編號	S530150
I S B N	978-957-14-7289-8